基金项目：

江苏省第六期"333人才"2022年培养支持资助项目（苏人

江苏高校优势学科建设工程资助项目"应用经济学"

中国博士后科学基金特别资助项目（2019T120409）

对外贸易与高质量发展：

行业竞争力、企业创新与劳动力市场视角的研究

陈维涛◎著

International Trade and High Quality Development:
A Study Based on Industry Competitiveness,
Enterprise Innovation, and Labor Market Perspectives

经济管理出版社

ECONOMY & MANAGEMENT PUBLISHING HOUSE

图书在版编目（CIP）数据

对外贸易与高质量发展：行业竞争力、企业创新与劳动力市场视角的研究/陈维涛
著. —北京：经济管理出版社，2023.6
ISBN 978-7-5096-9118-2

Ⅰ.①对… Ⅱ.①陈… Ⅲ.①对外贸易—贸易发展—研究—中国 Ⅳ.①F752

中国国家版本馆 CIP 数据核字（2023）第 119176 号

组稿编辑：赵亚荣
责任编辑：赵亚荣
一审编辑：李光萌
责任印制：张莉琼
责任校对：陈　颖

出版发行：经济管理出版社
　　　　　（北京市海淀区北蜂窝 8 号中雅大厦 A 座 11 层　100038）
网　　址：www. E-mp. com. cn
电　　话：（010）51915602
印　　刷：北京晨旭印刷厂
经　　销：新华书店
开　　本：710mm×1000mm/16
印　　张：14.5
字　　数：203 千字
版　　次：2023 年 7 月第 1 版　2023 年 7 月第 1 次印刷
书　　号：ISBN 978-7-5096-9118-2
定　　价：88.00 元

前　言

党的二十大报告指出，高质量发展是全面建设社会主义现代化国家的首要任务。必须完整、准确、全面贯彻新发展理念，坚持社会主义市场经济改革方向，坚持高水平对外开放，加快构建以国内大循环为主体、国内国际双循环相互促进的新发展格局。可见，推进高水平对外开放，是加快构建新发展格局，着力推动高质量发展的路径之一。

因此，立足高质量发展新阶段，打造新发展格局战略支点，需要始终坚持改革开放，高举经济全球化大旗，依靠以国内大循环为主体、国内国际双循环相互促进的新发展格局，形成战略支撑。其中，对外贸易作为双循环模式中不可或缺的一环，对深化科技创新、畅通要素流动、增强竞争实力，最终实现高质量发展具有重要作用。鉴于此，本书从行业竞争力、企业创新、劳动力市场三大视角探究对外贸易在推动我国高质量发展中所起到的作用。

本书分为三篇，共有六章。第一篇论述对外贸易与行业竞争力，包括第一章和第二章：第一章主要研究贸易自由化、进口竞争与中国工业行业技术复杂度；第二章主要研究贸易开放、进口竞争与中国工业行业生产率。第二篇论述对外贸易与企业创新，包括第三章和第四章：第三章主要研究企业创新与中国企业出口决策；第四章主要研究进口贸易自由化、企业创新与全要素生产率。第三篇论述对外贸易与劳动力市场，包括第五章和第六章：第五章主要研究出口技术升级与城乡内部劳动者收入差距；第六章主要研究出口技术升级与中国城乡内部劳动者社会流动。

通过上述理论和实证研究，本书得出如下结论：①贸易自由化有助于促进较高技术行业技术复杂度的提升，而对中低技术行业技术复杂度不能起到明显的促进作用。最终产品进口竞争能够促进高技术行业技术复杂度的提升，中间投入品进口竞争能够促进中等技术行业技术复杂度的提升。②贸易开放显著促进了中国工业行业生产率水平的提升，进口竞争总体上不利于我国工业行业生产率水平的提升，相反，对外出口具有较强的促进作用。③创新投入与创新产出从总体上能显著提高企业出口倾向，且创新产出的激励性作用更强。创新投入与产出对资本密集型企业的出口倾向影响最大，对技术密集型企业的出口倾向影响最小。④进口贸易自由化能够促进企业创新，最终能够导致企业生产率水平的提升。中间产品进口贸易自由化不利于促进企业创新，最终能够导致企业生产率水平的下降。⑤出口技术升级会扩大城镇内部高技能与中低技能劳动者的收入差距，会缩小农村劳动力市场内部高技能与中低技能劳动者的收入差距。随着出口技术升级，高新技术企业增加，企业对城镇内部劳动力市场中高技能劳动者的需求更大，导致城镇内部高技能与中低技能劳动者之间的收入差距扩大。然而出口技术升级使农村内部劳动力市场中对中低技能劳动者的需求更大，导致农村内部高技能与中低技能劳动者之间的收入差距缩小。⑥出口技术升级会显著抑制城镇内部劳动者的向上流动，同时会提升农村内部劳动者的向上流动。当高技能与中低技能劳动者之间的收入差距数值位于适当的区间时，当前阶段我国出口技术的升级会对城镇与农村内部劳动者的社会流动产生显著的积极作用。

总的来说，对外贸易是联通国内国际两个市场、促进国内国际双循环的主要途径之一，也是驱动我国高质量发展的动力之一。未来，我国需要把握新机遇，继续深化对外开放，补齐外贸短板，培育外贸新优势，释放外贸新潜力，全力推动我国经济社会发展向更高水平攀升。

目　录

● 第一篇　对外贸易与行业竞争力 ●

● 第二篇　对外贸易与企业创新 ●

● 第三篇　对外贸易与劳动力市场 ●

第一篇　对外贸易与行业竞争力

开篇提要

回顾"十三五"，我国经济总量接近 100 万亿元大关，制造业规模连续 12 年位居世界第一，经济结构日益优化，发展动力从主要依靠资源和劳动力等要素的投入转向创新驱动。一方面，我国依然面临着复杂且严峻的外部环境，世界经济复苏势头仍然很不稳定，新一轮科技和产业革命加速演进，全球供应链、价值链加速变革和重构；另一方面，就内部环境而言，我国正处在转变发展方式、优化经济结构、转换增长动力的攻关期，经济整体大而不强，特别是在部分核心行业上，整体仍处于产业链、价值链中低端，制造业的综合竞争力与世界一流水平还存在不小差距。展望未来，我国已踏上实现第二个百年奋斗目标新征程，高质量发展是党的十九大对新时代中国经济的根本要求，"十四五"期间要实现高质量发展，必须加快补齐短板，全面提高经济整体竞争力，推动制造业从中低端向中高端迈进。

鉴于此，本篇以对外贸易与行业竞争力为主题，对两者进行分析与研究。本篇分为第一章和第二章。第一章主要论述贸易自由化、进口竞争与中国工业行业技术复杂度。技术复杂度衡量了蕴含在产品中的技术含量，是企业进行流程升级、产品升级或功能升级的重要体现。研究发现，技术转移、扩散效应、中间品进口的技术外溢效应是发展中国家有效吸取、转化先进生产技术，实现技术进步的方式。为此，本篇第一章立足于进口视角，基于中国地级"城市—行业"层面的面板数据，从行业角度分析贸易自由化、进口竞争对中国工业行业技术复杂度的影响。第二章主要论述贸易开放、进口竞争与中国工业行业生产率。当前中国经济已由高速增长阶段转向高质量发展阶段，只有不断提高生产率，才能为中国经济高质量发展提供有力支撑。为此，本篇第二章将基于出口和进口双视角，利用双重差分法（Differences-in-differences，DID）全面分析贸易对中国工业行业生产率的影响，并分析进口竞争在其中所起的作用。

第一章 贸易自由化、进口竞争与中国工业行业技术复杂度[①]

本章基于中国工业企业数据库、海关贸易数据库、世界贸易组织（WTO）关税数据库等数据，采用 DID 模型、分位数 DID 模型、面板回归模型和分位数回归模型等计量研究方法，实证研究了贸易自由化、进口竞争对中国工业行业技术复杂度的影响。

第一节 引言

本节将通过梳理相关文献研究，分析中国贸易自由化、进口以及工业行业技术复杂度发展情况，并表明本章研究内容存在的创新之处。

一、贸易自由化与工业行业技术复杂度

改革开放 40 多年以来，尤其是加入 WTO 以来，中国贸易自由化进程不断加快。目前，中国已经逐步发展成为世界第一大贸易国、第一大出口国和

[①] 本章主要内容是与王永进、孙文远合作，最早发表于《国际贸易问题》，2017 年第 1 期，第 50-59 页。

第二大进口国，贸易自由化对中国经济社会发展的作用与日俱增。与此同时，中国各行业产品技术复杂度不断提升，尤其是出口技术复杂度甚至接近于发达国家水平，对促进中国经济社会快速发展起到了重要作用（杨汝岱和姚洋，2008；黄先海等，2010；Jarreau and Poncet，2012）。已有大量国内外文献从人力资本、资源禀赋、经济发展水平、国际直接投资（FDI）、金融发展、财税政策、基础设施、产品分工与制度质量等各个方面研究了中国出口技术复杂度的相关问题（Rodrik，2006；Hausmann et al.，2007；Schott，2008；Wang and Wei，2008；Xu and Li，2008；王永进等，2010；戴翔和金碚，2014）。

与此同时，我们还应看到，进口也是贸易开放的重要组成部分，对一国企业和经济社会发展起着重要作用，尤其对世界第二大进口国的中国而言，其作用和影响更大。鉴于此，近年来一些相关文献也开始关注进口对企业生产率及经济发展的影响（Broda and Weinstein，2006；Amiti and Konings，2005；Acharya and Keller，2008；Topalova and Khandelwal，2014）。在理论机制分析方面，一方面，进口是"自我选择效应"的结果，进口行业往往企业生产率较低，大量进口会对产业技术升级产生更大冲击，导致进口不利于技术复杂度的提升（Acharya and Keller，2008）；另一方面，与贸易自由化、出口类似，进口也存在"学习效应"，随着进口增加，一国可以吸收大量新知识和技能，能够促进产业技术水平不断提升（Amiti and Konings，2005）。然而，专门探讨进口与中国工业技术复杂度关系的文献还很少，少量研究也只是关注进口对中国出口技术复杂度的影响。比如，Feng 等（2016）考察研究了进口与出口之间的关系，发现中间投入品进口对于提高出口企业技术水平具有重要促进作用；齐俊妍和吕建辉（2016）分析了不同技术水平中间产品进口对于中国出口技术复杂度的影响，发现一种技术水平进口中间品对处于相同技术水平的产品出口净技术复杂度的影响为正，而对低于或高于其技术水平的产品的影响为负。

综上所述，现有关于技术复杂度的文献大多基于出口视角，关于进口与中国工业行业技术复杂度的文献还相对较少，如何系统考察贸易自由化、进口对中国工业行业技术复杂度的影响需要进一步研究和补充。鉴于此，本章采用中国工业企业数据库、海关贸易数据库、WTO 关税数据库等数据，采用 DID 模型、分位数 DID 模型、面板回归模型和分位数回归模型等计量研究方法，系统实证研究贸易自由化、进口竞争对我国工业行业技术复杂度的影响。

二、创新之处

与已有的研究相比，本章研究的主要创新与贡献如下：第一，在选题方面，关于进口与中国工业行业技术复杂度的文献研究还较少，有待进一步完善，本章的研究具有一定的文献补充贡献。第二，已有研究大多基于企业层面或地区层面分析贸易自由化、出口或进口的影响，缺少行业层面的分析。为此，本章计算并合并整理了 1998~2007 年中国地级"城市—行业"层面的面板数据，从行业角度分析贸易自由化、进口对中国工业行业技术复杂度的影响。第三，现有研究大多基于最终产品角度分析贸易自由化、进口的影响，研究结论不全面。本章将引入中间投入品进口竞争视角，全面考察进口竞争对工业行业技术复杂度的影响。第四，现有研究大多只是单独分析出口或进口与技术复杂度之间的关系，很少全面系统分析贸易自由化、出口、进口对技术复杂度的影响。为此，本章将不仅基于中国加入 WTO 的一个自然试验，利用双重差分法（DID）实证分析贸易自由化对中国工业行业技术复杂度的总体影响，还将建立面板数据模型分别实证分析对外出口、最终产品进口竞争、中间投入品进口竞争对中国工业行业技术复杂度的影响。第五，现有研究大多基于平均效应模型进行分析，容易忽略异质性影响。为此，本章将采用分位数 DID 模型、分位数回归模型等研究方法，实证研究贸易自由化、进口竞争对不同行业技术复杂度的异质性影响。

第二节　模型构建

本节将构建用来计量分析的三大模型，分别是用来估计贸易自由化对中国工业行业技术复杂度总体影响的 DID 模型、用来估计进口竞争对中国工业行业技术复杂度的影响的面板数据模型，以及用来分析贸易自由化、进口竞争对不同行业技术复杂度的异质性影响的分位数 DID 模型和分位数回归模型。

一、贸易自由化对中国工业行业技术复杂度的总体影响

加入 WTO 后，中国的贸易自由化进程不断加快，但不同地区和行业的关税减让进程也存在很大差异，这实际上也为我们考察贸易自由化进程对中国工业行业技术复杂度的影响提供了一项难得的自然试验。对于这种外生政策环境冲击的影响，通过使用 DID 方法进行分析。为此，我们依据本章研究需要建立以下 DID 模型，以考察分析贸易自由化对中国工业行业技术复杂度的总体影响：

$$\text{lnprody}_{cit} = \beta_0 + \beta_1 dt + \beta_2 du + \beta_3 (dt \times du) + \beta_4 X_{cit} + \varepsilon_{cit} \tag{1-1}$$

其中，lnprody_{cit} 为中国城市—行业层面技术复杂度的对数，dt 表示 WTO 的时间哑变量，2002 年之前取值为 0，2002 年及以后取值为 1。du 表示处理组与控制组的区别，其中 du = 1 表示处理组，包含过渡期结束以后加权平均关税税率在 10% 以下的城市层面 CIC 2 分位数行业，即受到贸易自由化影响的行业；du = 0 则为控制组，包含过渡期结束以后加权平均关税税率在 10%以上的城市层面 CIC 2 分位数行业，即没有受到贸易自由化影响的行业（简

泽等，2014）。下标 c、i 和 t 分别代表城市、行业和时期，X_{cit} 为其他控制变量，包括城市—行业层面的企业生产率水平（lntfp）、产出（lnoutput）、行业专业化指数（lnspec）、行业市场集中度（lnhhi）等变量，ε_{cit} 为随机扰动项。

由表 1-1 我们可以得知，对于受到贸易自由化影响的处理组（du=1）行业，贸易自由化（加入 WTO，下同）前后中国工业行业技术复杂度分别为 $\beta_0+\beta_1$ 和 $\beta_0+\beta_1+\beta_2+\beta_3$，处理组工业技术复杂度在贸易自由化前后的变化幅度为 $\triangle \text{lnprody}_{ci1}=\beta_2+\beta_3$，包含了贸易自由化以及其他各种因素的影响。同理，对于控制组（du=0）行业，贸易自由化前后中国工业行业技术复杂度分别为 β_0 和 $\beta_0+\beta_2$，所以没有受到贸易自由化影响的行业在贸易自由化前后技术复杂度变化为 $\triangle \text{lnprody}_{ci0}=\beta_2$，这个变化没有包含贸易自由化的影响，但包含了其他因素的影响。因此，我们可以用处理组行业在贸易自由化前后技术复杂度变化 $\triangle \text{lnprody}_{ci1}=\beta_2+\beta_3$，减去控制组行业在贸易自由化前后企业生产率变化 $\triangle \text{lnprody}_{ci0}=\beta_2$，就可以得到贸易自由化对中国工业行业技术复杂度的净影响 $\triangle \triangle \text{lnprody}_{ci}=\beta_3$。因此，在 DID 模型中，我们将重点关注系数 β_3 的变化情况。

表 1-1　DID 模型中各个参数的经济学含义

	贸易自由化前（dt=0）	贸易自由化后（dt=1）	Difference
处理组（du=1）	$\beta_0+\beta_1$	$\beta_0+\beta_1+\beta_2+\beta_3$	$\triangle \text{lnprody}_{ci1}=\beta_2+\beta_3$
控制组（du=0）	β_0	$\beta_0+\beta_2$	$\triangle \text{lnprody}_{ci0}=\beta_2$
DID	—	—	$\triangle \triangle \text{lnprody}_{ci}=\beta_3$

二、进口竞争对中国工业行业技术复杂度的影响

在考察分析了贸易自由化对中国工业行业技术复杂度的总体影响后，我们将基于 2002~2006 年中国城市—行业层面的面板数据，建立计量分析模

型，研究进口竞争对中国工业行业技术复杂度的影响。

$$\text{lnprody}_{cit} = \beta_0 + \beta_1 \text{lnimp}_{cit} + \beta_2 \text{lnexp}_{cit} + \beta_3 X_{cit} + \beta_4 \omega_{ci} + \beta_5 \eta_t + \varepsilon_{cit} \qquad (1-2)$$

其中，lnprody_{cit}为中国城市—行业层面技术复杂度的对数，lnimp_{cit}为中国城市—行业层面进口竞争程度的对数，lnexp_{cit}为中国城市—行业层面企业出口额的对数，X_{cit}为其他控制变量，包括城市—行业层面的企业生产率水平（lntfp）、产出（lnoutput）、行业专业化指数（lnspec）、行业市场集中度（lnhhi）等变量，ω_{ci}为行业固定效应，η_t为时间固定效应，ε_{cit}为随机扰动项。在具体估计方法方面，我们将根据相关检验结果选择面板混合 OLS 聚类稳健标准差回归、固定效应模型（FE）、随机效应模型（RE）等方法。

三、异质性影响分析

上述 DID 模型是建立在均值回归模型的基础上，不能分析贸易自由化、进口竞争对不同行业技术复杂度的异质性影响。因此，为了进一步分析贸易自由化、进口竞争对不同行业技术复杂度的异质性影响，也为了进一步检验上述 DID 回归结果的稳健性，我们在上述 DID 回归模型的基础上分别引入非参数的分位数 DID（Quantile DID）模型和分位数回归（Quantile Regression）模型：

$$\text{lnprody}_{cit} = \beta_0^q + \beta_1^q dt + \beta_2^q du + \beta_3^q (dt \times du) + \beta_4^q X_{cit} + \varepsilon_{cit}^q \qquad (1-3)$$

$$\text{lnprody}_{cit} = \beta_0^q + \beta_1^q \text{lnimp}_{cit} + \beta_2^q \text{lnexp}_{cit} + \beta_3^q X_{cit} + \beta_4^q \omega_{ci} + \beta_5^q \eta_t + \varepsilon_{cit}^q \qquad (1-4)$$

其中，上标 q 表示企业生产率 lntfp_{cit} 的第 q 分位数。

第三节　数据、变量与描述性统计

本节内容主要包括两大方面，一是介绍计量分析所使用的数据来源以及对原始数据的处理方式；二是介绍包含中国工业行业技术复杂度、进口竞争、全要素生产率、产业专业化指数和赫芬达尔指数在内的五大关键变量的构建方式，并对其进行描述性统计。

一、数据来源与处理

（一）数据来源

本章所使用的数据包括中国工业企业数据库（1998~2007年）、海关贸易数据库（2002~2006年）、WTO关税数据库（2002~2006年）三套高度细化的数据。

第一套数据为1998~2007年的中国工业企业数据库，包括我国所有国有企业数据和年销售额在500万元以上的规模以上非国有企业数据。虽然年份越近的数据对于决策分析的指导意义越大，但2007年以后中国工业企业数据库存在大量数据缺失和误差，数据质量较差，学术界使用较少，所以我们将主要依据1998~2007年中国工业企业数据库计算企业生产率、专业化水平、赫芬达尔指数、产出、销售额、增加值、资本劳动比等指标（余淼杰和李晋，2015）。

第二套数据为2002~2006年中华人民共和国海关总署各企业贸易交易数据库，由于2007年及以后的海关数据库还在整理之中，且数据结构与2002~2006年的海关数据库存在较大差异，结合本章研究目标，我们将使用学术界普遍使用且相对成熟的2002~2006年中国海关贸易数据库（余淼杰和李晋，2015）。

第三套数据为WTO关税数据库，根据本章研究目的和数据库之间对接需要，我们将主要选取中国2002~2006年HS8编码下各产品的平均进口关税。

（二）数据处理

在对中国工业企业数据库的处理方面，我们将根据 Feenstra 等（2014）、Yu（2015）的研究方法，对工业企业数据库的缺失值进行删除，并根据公认会计准则删除流动资产大于总资产、总固定资产大于总资产、固定资产净值大于总资产、无识别编号、无编码等类型的观测值，并根据本章研究需要，选取和计算相应变量指标。

对于海关贸易数据库和 WTO 关税数据库而言，由于海关贸易数据是 HS8 位码，而从 WTO 直接获得的关税数据是 HS6 位码，所以我们先将关税数据合并到海关数据中。然后，根据本章研究需要，采用 CIC 行业代码标准，将 HS 编码与 CIC 行业编码进行统一归类和对接，进而将海关贸易数据库、中国工业企业数据库和世界银行数据库中的城市代码截取为 4 分位，行业代码截取为 2 分位，最终通过城市代码和行业代码对三个数据库的相关变量进行加权平均、对接合并和整理。

二、变量与描述性统计

（一）中国工业行业技术复杂度

根据 Hausmann 等（2007）的研究，各产业的技术复杂度计算公式为：

$$PRODY_i = \sum_{c=1}^{C} s_{ci} \cdot y_c \tag{1-5}$$

其中，y_c 是国家 c（$c = 1, \cdots, C$）的实际人均收入水平，$s_{ci} = RCA_{ci}/\sum_c RCA_{ci}$ 为国家 c 产业 i 的 Balassa 显性比较优势指数，计算公式为 $RCA_{ci} = x_{ci}/\sum_i x_{ci}$，$x_{ci}$ 为国家 c 产业 i 的出口额。本章采用跨国分行业数据计算各个行业各年的技术复杂度，然后对 1998～2007 年每个行业的技术复杂度进行平均，最后由式（1-5）计算得出每个行业的平均技术复杂度。

进一步，我们可以计算出 t 年城市 c 行业 i 的技术复杂度（$prody_{cit}$）：

$$prody_{cit} = sh_{cit} \cdot PRODY_i \tag{1-6}$$

sh_{ci} 表示行业 i 的总销售额占城市 c 总销售额的比重。

(二) 进口竞争

在进口竞争变量的选取上，我们首先采用各城市分行业的加权平均进口关税 (IMT) 进行测度。如果只是采用进口数量测度进口竞争程度，往往会忽略贸易壁垒的影响。进口关税作为一国或地区的贸易保护手段，一定时期内是外生不变的，却可以直接影响进口产品种类与数量，进而影响进口带来的竞争程度 (Cunat and Guadalupe，2009)。因此，为全面反映不同地区、不同行业企业面临的进口竞争程度，本章采用城市、行业层面的进口值为权重对进口关税进行加权平均，得到"城市—行业"层面的加权平均进口关税。

与此同时，为进一步分析进口竞争对中国工业行业技术复杂度的影响，本章也采用中间品进口关税 (IIT) 作为中间投入品进口竞争的测度指标进行相关分析。在计算中间投入品进口关税时，我们借鉴 Yu (2015)、田巍和余淼杰 (2014) 的方法，首先构建 CIC 分类 4 分位下的行业平均进口关税：

$$IIT_{ft} = \sum_n \left(\frac{input_{nf}^{2002}}{\sum_n input_{nf}^{2002}} \right) \tau_{nt} \tag{1-7}$$

其中，$input_{nf}^{2002}$ 为行业 f 在 2002 年使用投入品 n 的总产量，τ_{nt} 为这种投入品在 t 年的进口关税，式 (1-7) 括号中的比重可以从 2002 年中国投入产出表中获得。之所以采用 2002 年该中间产品全部使用量占所有中间产品的比重，主要是为了克服内生性问题：一是将权重固定在 2002 年，可以排除关税变化导致的权重内生变化；二是排除关税在不同产品间造成的进口值内生变化 (田巍和余淼杰，2014)。

最后，在得出 CIC 行业 4 分位中间产品进口关税后，本章以进口值为权重计算出城市层面 c 和行业层面 i (CIC 分类 2 分位) 的中间产品进口关税 IIT_{ci}。

（三）全要素生产率

对于各城市分行业的全要素生产率，我们根据企业层面的全要素生产率以产值为比重加权平均得到，具体计算公式为：

$$tfp_{cit} = \sum_f q_{fcit} \cdot tfp_{fcit} \qquad (1-8)$$

其中，tfp_{fcit} 表示城市 c 行业 i 时间 t 企业 f 的全要素生产率，q_{fcit} 为企业 f 的产值在其所在城市所在产业产值中的比重。

企业的全要素生产率采用 Olley-Pakes 方法计算得到，并参照 Brandt 等（2012）的处理方法进行了价格指数平减，其中，总产出采用 4 分位行业的产出价格指数进行折算，资本存量 K_{it} 为固定资产净值年平均余额，采用年度投资价格指数进行平减。投资 $I_{it} = K_{it} - (1-\delta) K_{it-1}$，折旧率 δ 首先根据企业本年折旧与上一年的固定资产净值相除得到企业折旧率，在剔除大于 1 和小于 0 的数值后，再进行行业平均，最后得到 4 分位行业的折旧率。

（四）产业专业化指数

已有研究表明，专业化分工和生产能够带来规模经济和技术溢出效应，降低交易和沟通成本，影响一国或地区的商品结构，会对技术复杂度产生重要影响（盛丹和王永进，2011；杜传忠和张丽，2013）。依据 Gao（2004）的研究，本章产业专业化指数具体计算公式为：

$$spec_{cit} = \frac{y_{cit}/y_{ct}}{y_{it}/y_t} \qquad (1-9)$$

其中，$y_c \equiv \sum_i y_{ci}$ 为城市 c 所有产业的产出总和，$y_{it} \equiv \sum_c y_{cit}$ 为产业 i 的全国总产出，$y_t \equiv \sum_c \sum_i y_{cit}$ 为全国所有产业的总产出，该指数我们主要依据中国工业企业数据库计算。

（五）赫芬达尔指数

研究表明，市场集中度对于企业技术研发具有重要影响，进而影响一国或地区产业技术复杂度。一方面，市场集中度高的行业，企业垄断地位和市场占有率较高，可以有更多资金投入研发，对技术复杂度具有促进作用；另一方面，市场集中度高的行业面临的竞争压力相对较小，也会降低企业主动研发、提高企业生产率和竞争力的动力，对技术复杂度产生不利影响（余淼杰和李晋，2015）。基于此，本章采用赫芬达尔指数（hhi_{cit}）来测度市场集中度，赫芬达尔指数的构造为：

$$hhi_{cit} = \sum_f \left(y_{cift} \big/ y_{cit} \right)^2 \tag{1-10}$$

其中，y_{cif} 表示城市 c 行业 i 中的企业 f 的总产出。

最后，我们还根据研究需要，选取和计算了影响企业生产率的出口（lnexp）、资本劳动比（lnkli）、行业产值（lnoutput）等其他变量。各主要变量的描述性统计如表 1-2 所示。

表 1-2　各变量描述性统计

变量名	均值	标准差	最小值	最大值
lnprody	5.223	1.652	−6.701	9.540
IMT	8.198	5.307	0.000	65.000
IIT	3.011	1.853	0.000	14.645
lnexp	11.210	2.417	0.693	20.080
lntfp	0.0300	0.0538	−0.0646	0.9190
lnoutput	12.890	2.100	2.303	20.500
lnspec	−0.695	1.478	−9.410	4.048
lnhhi	−1.525	1.047	−6.101	0.000
lnkli	5.485	0.495	4.446	6.903

资料来源：笔者根据数据来源统计整理而得。

第四节　估计结果与分析

如前所述，加入 WTO 为分析贸易自由化对中国工业行业技术复杂度的影响提供了一个准自然实验，本节将首先运用 DID 方法来估计与分析贸易自由化对中国工业行业技术复杂度影响的净效应。随后，探究最终产品、中间投入品进口竞争对中国工业行业技术复杂度的不同影响。

一、贸易自由化对中国工业行业技术复杂度的总体影响

在表 1-3 中，（1）列为没有加入其他控制变量的估计结果，（2）～（7）列为依次加入其他控制变量的回归结果。从中可以发现，在不加入其他控制变量时，贸易自由化并不能显著促进中国工业行业技术复杂度的提升；在加入控制变量以后，除了（3）列和（5）列，其余各列 dt×du 变量的回归结果大多并不显著，表明贸易自由化并不能显著促进中国工业行业技术复杂度的提升，甚至（2）列还存在不显著的负面影响。为此，我们在下文中分别分析出口、进口的影响，并找出背后的原因。

表 1-3　贸易自由化与中国工业行业技术复杂度（DID 方法）

变量	（1）	（2）	（3）	（4）	（5）	（6）	（7）
	lnprody	lnprody	lnprody	lnprody	lnprody	lnprody	lnprody
dt	−0.16100 ***	−0.23200 ***	−0.14000 ***	−0.70200 ***	−0.31200 ***	−0.16300 ***	−0.23500 ***
	（0.03340）	（0.00854）	（0.01720）	（0.02040）	（0.03060）	（0.03260）	（0.00686）
du	0.09890 ***	0.08600 ***	0.13800 ***	0.14900 ***	0.18900 ***	−0.16300 ***	−0.07840 ***
	（0.02980）	（0.00762）	（0.01530）	（0.01810）	（0.02720）	（0.02950）	（0.00616）

续表

变量	（1）	（2）	（3）	（4）	（5）	（6）	（7）
	lnprody	lnprody	lnprody	lnprody	lnprody	lnprody	lnprody
dt×du	0.05780	-0.01260	0.10800 ***	0.00750	0.07000 **	0.05780	0.00895
	（0.03810）	（0.00974）	（0.01960）	（0.02320）	（0.03490）	（0.03710）	（0.00773）
lntfp	—	0.95300 ***	—	—	—	—	0.78600 ***
		（0.00123）					（0.00219）
lnspec	—	—	0.95200 ***	—	—	—	0.17400 ***
			（0.00273）				（0.00225）
lnoutput	—	—	—	0.63700 ***	—	—	0.01640 ***
				（0.00234）			（0.00156）
lnhhi	—	—	—	—	-0.63900 ***	—	-0.01040 ***
					（0.00688）		（0.00208）
lnkli	—	—	—	—	—	0.78300 ***	0.52400 ***
						（0.01610）	（0.00375）
常数项	5.22800 ***	9.66000 ***	5.82300 ***	-2.70200 ***	4.26000 ***	1.13000 ***	6.03000 ***
	（0.02610）	（0.00875）	（0.01350）	（0.03320）	（0.02600）	（0.08810）	（0.02870）
观测值	43654	43290	43654	43654	43654	43654	43290
R^2	0.00200	0.93300	0.73700	0.63000	0.16700	0.05400	0.95800

注：回归系数括号内为标准误；***、**和*分别表示在1%、5%和10%显著性水平上显著，下同。

与此同时，我们从其他变量的回归结果中也可以得知，随着行业生产率的提高，中国工业行业技术复杂度也随之提升，一定程度上反映了生产率是技术复杂度的决定因素（Hausmann et al.，2007）。同时，随着行业专业化生产，整个行业技术复杂度不断提升，表明行业专业化生产能够带来规模经济和技术溢出，降低交易和沟通成本，促进技术复杂度提升。随着行业产出增加，技术复杂度也随之提升，而且随着行业资本劳动比的提升，技术复杂度也随之提升，说明资本密集型行业的技术复杂度水平相对更高。研究表明，随着行业赫芬达尔指数提高，整个行业技术复杂度趋于下降，这反映出行业集中度越高，则垄断势力越大，不利于企业主动加大研发投入，进而提高技术复杂度（余淼杰和李晋，2015）。

二、最终产品进口竞争对中国工业行业技术复杂度的影响

在考察分析了贸易自由化对中国工业行业技术复杂度的总体影响后，我们接下来将重点考察进口竞争对中国工业行业技术复杂度的影响。与此同时，为了更准确和全面反映贸易自由化的影响，本章也加入了出口（lnexp）的控制变量。

首先，表1-4中的（1）～（7）列均表明，最终产品进口关税对中国工业行业技术复杂度具有高度显著的正向作用，这说明随着最终产品进口关税下降，进口行业竞争加剧，中国工业行业技术复杂度随之下降，即随着进口关税下降1%，则中国工业行业技术复杂度随之约下降0.031%～0.0596%。其次，（2）～（7）列则表明，对外出口对中国工业行业技术复杂度具有高度显著的促进作用，即随着对外出口增加1%，则中国工业行业技术复杂度约提高0.035%～0.147%。进口竞争、对外出口的结果一定程度上解释了贸易自由化对于中国工业行业技术复杂度不具有显著作用。最后，在其他控制变量的影响方面，随着生产专业化程度、生产率水平和产出水平提高，整个行业技术复杂度不断提升；随着行业赫芬达尔指数提高，整个行业技术复杂度趋于下降，这与前述分析结果保持一致。

表1-4　最终产品进口竞争与中国工业行业技术复杂度（面板数据模型）

变量	(1)	(2)	(3)	(4)	(5)	(6)	(7)
	RE 估计	FE 估计	FE 估计	FE 估计	FE 估计	FE 估计	FE 估计
	lnprody	lnprody	lnprody	lnprody	lnprody	lnprody	lnprody
lnIMT	0.03330 ***	0.05710 ***	0.05870 ***	0.03100 ***	0.05820 ***	0.05960 ***	0.03280 ***
	(0.00787)	(0.00768)	(0.00727)	(0.00409)	(0.00769)	(0.00765)	(0.00396)

续表

变量	（1） RE 估计 lnprody	（2） FE 估计 lnprody	（3） FE 估计 lnprody	（4） FE 估计 lnprody	（5） FE 估计 lnprody	（6） FE 估计 lnprody	（7） FE 估计 lnprody
lnexp	—	0.14700 *** （0.00368）	0.12100 *** （0.00355）	0.04260 *** （0.00206）	0.14500 *** （0.00375）	0.14000 *** （0.00373）	0.03500 *** （0.00204）
lntfp	—	—	4.30500 *** （0.11800）	—	—	—	1.88900 *** （0.07200）
lnspec	—	—	—	0.85700 *** （0.00506）	—	—	0.82500 *** （0.00501）
lnhhi	—	—	—	—	-0.02670 *** （0.01020）	—	-0.00235 （0.00524）
lnoutput	—	—	—	—	—	5.56E-09 *** （5.27E-10）	2.20E-10 （2.99E-10）
常数项	5.01400 *** （0.02730）	3.80700 *** （0.04600）	-0.39700 *** （0.12300）	5.34100 *** （0.02610）	3.77400 *** （0.04760）	3.85800 *** （0.04610）	3.43700 *** （0.07820）
F 或 LM 检验	24432.61000 （0.00000）	38.06000 （0.00000）	26.79000 （0.00000）	54.08000 （0.00000）	37.66000 （0.00000）	36.87000 （0.00000）	47.97000 （0.00000）
Hausman 检验	0.07000 （0.79540）	115.73000 （0.00000）	1197.70000 （0.00000）	32.12000 （0.00000）	166.28000 （0.00000）	84.16000 （0.00000）	507.27000 （0.00000）
观测值	22001	15460	15459	15460	15460	15460	15459
R²	—	0.12300	0.21500	0.75100	0.12400	0.13200	0.76800

三、中间投入品进口竞争对中国工业行业技术复杂度的影响

如前所述，中间投入品进口在中国总进口中占据重要地位。为此，在考察了最终产品进口竞争的影响后，本章将进一步分析中间投入品进口竞争对中国工业行业技术复杂度的影响。

如表1-5所示，（1）～（7）列的结果均表明，与最终产品进口的回归结果一致，中间投入品进口关税对中国工业行业技术复杂度具有高度显著的

正向作用，随着中间投入品进口关税下降，中间投入品进口行业竞争加剧，中国工业行业技术复杂度也趋于下降，即当中间投入品进口关税下降1%，会促使中国工业行业技术复杂度大约下降0.0317%~0.0884%。与此同时，在对外出口的影响方面，（2）~（7）列的估计结果依然表明，对外出口对中国工业行业技术复杂度具有高度显著的促进作用，即随着对外出口增加1%，则中国工业行业技术复杂度约提高0.0277%~0.131%，与最终产品进口竞争样本下的估计结果基本一致。另外，生产率、行业专业化生产、行业集中度、资本劳动比以及产出等控制变量的回归结果，与前面的分析保持一致，在此我们不再赘述。

表1-5　中间投入品进口竞争与中国工业行业技术复杂度（面板数据模型）

变量	(1) RE 估计 lnprody	(2) FE 估计 lnprody	(3) FE 估计 lnprody	(4) FE 估计 lnprody	(5) FE 估计 lnprody	(6) FE 估计 lnprody	(7) FE 估计 lnprody
lnIIT	0.03170 *** (0.00890)	0.08300 *** (0.01030)	0.06920 *** (0.00948)	0.05250 *** (0.00536)	0.08540 *** (0.01030)	0.08840 *** (0.01030)	0.04990 *** (0.00516)
lnexp	—	0.13100 *** (0.00339)	0.09520 *** (0.00320)	0.03680 *** (0.00183)	0.12800 *** (0.00344)	0.12400 *** (0.00342)	0.02770 *** (0.00181)
lntfp	—	—	6.90500 *** (0.14100)	—	—	—	2.68200 *** (0.08650)
lnspec	—	—	—	0.87000 *** (0.00464)	—	—	0.82300 *** (0.00468)
lnhhi	—	—	—	—	−0.04230 *** (0.00985)	—	−0.00200 (0.00493)
lnoutput	—	—	—	—	—	6.06E−09 *** (5.23E−10)	3.10E−10 (2.83E−10)
常数项	4.98500 *** (0.02310)	4.08000 *** (0.04030)	4.20800 *** (0.03710)	5.41300 *** (0.02210)	4.02900 *** (0.04200)	4.12500 *** (0.04020)	5.39000 *** (0.02230)

变量	(1)	(2)	(3)	(4)	(5)	(6)	(7)
	RE 估计	FE 估计	FE 估计	FE 估计	FE 估计	FE 估计	FE 估计
	lnprody	lnprody	lnprody	lnprody	lnprody	lnprody	lnprody
F 或 LM 检验	34483.54000	39.12000	26.39000	57.43000	38.58000	38.08000	49.42000
	(0.00000)	(0.00000)	(0.00000)	(0.00000)	(0.00000)	(0.00000)	(0.00000)
Hausman 检验	1.95000	588.68000	1477.54000	41.05000	690.51000	546.56000	661.20000
	(0.16210)	(0.00000)	(0.00000)	(0.00000)	(0.00000)	(0.00000)	(0.00000)
观测值	28215	17469	17467	17469	17469	17469	17467
R^2	—	0.10400	0.24300	0.75700	0.10500	0.11300	0.77700

第五节　异质性分析

针对技术复杂度存在的行业差异性，接下来，本节将分别采用分位数 Quantile DID 模型、分位数回归（Quantile Regression）模型等研究方法进行相关稳健性检验分析，考察贸易自由化、最终产品进口竞争、中间投入品进口竞争对不同行业技术复杂度的异质性影响。

一、贸易自由化对中国工业行业技术复杂度的异质性影响

表 1-6 显示了相关估计结果，从中可以看出，我们最关心的贸易自由化对中国工业行业技术复杂度的净效应，即 dt×du 变量的回归系数随着分位数 q 的变化而变化：当 q=0.05、0.25、0.50、0.75 和 0.95 时，dt×du 的回归系数分别为不显著的 -0.01630、显著的 -0.02320、显著的 -0.01730、不显著的 0.00642 和显著的 0.07140。这表明：一方面进一步验证了均值 DID 分析方法的基本结论，即贸易自由化对中国工业行业技术复杂度的影响并不显著，验

证了均值 DID 结果的稳健性；另一方面，贸易自由化对不同行业技术复杂度的影响存在异质性，贸易自由化不利于中低技术行业技术复杂度的提升，但能够显著促进高技术行业技术复杂度的提升。

在其他控制变量的影响方面，行业市场集中度（lnhhi）的回归结果显示，当 q = 0.05、0.25、0.50、0.75 和 0.95 时，其估计结果分别为显著的 -0.04710、显著的 -0.01360、不显著的 -0.00106、显著的 0.00750 和显著的 0.01750。这说明，行业市场集中不利于中低技术行业技术复杂度的提升，但能够显著促进高技术行业技术复杂度的提升。其他控制变量的回归结果与前面的分析基本保持一致，稳健性较高。其中，当 q = 0.05、0.25、0.50、0.75 和 0.95 时，企业生产率（lntfp）在各个分位下均高度显著为正，且对中低技术行业影响更大；行业专业化生产（lnspec）在各个分位数下的系数分别显著为 0.08270、0.09630、0.14400、0.18100 和 0.29700，随着分位数的增加而趋于提高，表明专业化生产更能促进中高技术行业技术复杂度的提升；资本劳动比（lnkli）在各个分位数下的系数分别显著为 0.33300、0.48600、0.54700、0.55400 和 0.61300，随着分位数增加，而明显提高，表明相对中低技术行业，高技术行业的企业资本劳动比增加对技术复杂度的促进作用更大，一定程度上也反映出高技术行业企业更多依赖资本投入；在行业产出（lnoutput）的影响方面，各个分位数下的估计系数均高度显著为正，系数也相对变化不大，表明对于所有行业而言，产出增加均可以显著促进技术复杂度提升。

表 1-6 贸易自由化与中国工业行业技术复杂度（Quantile DID 方法）

	（1）	（2）	（3）	（4）	（5）
分位数（q）	0.05	0.25	0.50	0.75	0.95
变量	lnprody	lnprody	lnprody	lnprody	lnprody
dt	-0.22500 ***	-0.20000 ***	-0.21500 ***	-0.23900 ***	-0.26200 ***
	(0.01390)	(0.00770)	(0.00689)	(0.00814)	(0.01130)

	（1）	（2）	（3）	（4）	（5）
分位数（q）	0.05	0.25	0.50	0.75	0.95
变量	lnprody	lnprody	lnprody	lnprody	lnprody
du	−0.05760***	−0.04950***	−0.05040***	−0.05540***	−0.05200***
	（0.01250）	（0.00682）	（0.00619）	（0.00744）	（0.01050）
dt×du	−0.01630	−0.02320***	−0.01730**	0.00642	0.07140***
	（0.01590）	（0.00872）	（0.00777）	（0.00915）	（0.01270）
lntfp	0.88300***	0.88300***	0.83400***	0.79000***	0.65600***
	（0.00424）	（0.00228）	（0.00220）	（0.00279）	（0.00496）
lnspec	0.08270***	0.09630***	0.14400***	0.18100***	0.29700***
	（0.00439）	（0.00237）	（0.00226）	（0.00274）	（0.00440）
lnoutput	0.01650***	0.01170***	0.01200***	0.00874***	0.00856***
	（0.00325）	（0.00172）	（0.00157）	（0.00188）	（0.00253）
lnhhi	−0.04710***	−0.01360***	−0.00106	0.00750***	0.01750***
	（0.00410）	（0.00232）	（0.00209）	（0.00247）	（0.00344）
lnkli	0.33300***	0.48600***	0.54700***	0.55400***	0.61300***
	（0.00946）	（0.00427）	（0.00376）	（0.00462）	（0.00600）
常数项	6.89300***	6.46600***	6.15500***	6.19100***	5.64300***
	（0.06890）	（0.03160）	（0.02880）	（0.03600）	（0.05450）
观测值	43290	43290	43290	43290	43290

二、最终产品进口竞争对中国工业行业技术复杂度的异质性影响

表1-7显示了相关估计结果。在最终产品进口竞争的影响方面，分位数回归结果显示，当 q=0.05、0.25、0.50、0.75 和 0.95 时，lnIMT 的回归系数分别为显著的0.05400、显著的0.07810、不显著的−0.01300、显著的−0.03450和显著的−0.05890。这表明，最终产品进口竞争对不同行业技术复杂度存在异质性影响，最终产品进口竞争不利于低技术行业技术复杂

度的提升，但能促进高技术行业技术复杂度的提升。对此，本章的解释是，随着最终产品进口关税降低，进口竞争加剧，高技术行业为了生存与发展，借助于自身技术复杂度的优秀基础，更容易形成"进口学习"效应，从而促进技术复杂度提升。与此同时，在出口的影响方面，估计结果表明，相对于中低技术行业，出口更能够促进高技术行业技术复杂度的提升。

表1-7 最终产品进口竞争与中国工业行业技术复杂度：

分位数回归

	（1）	（2）	（3）	（4）	（5）
分位数（q）	0.05	0.25	0.50	0.75	0.95
变量	lnprody	lnprody	lnprody	lnprody	lnprody
lnIMT	0.05400 ***	0.07810 ***	−0.01300	−0.03450 ***	−0.05890 ***
	（0.00835）	（0.00998）	（0.00938）	（0.00667）	（0.00534）
lnexp	0.00278	−0.02510 ***	−0.00744	0.01700 ***	0.01520 ***
	（0.00361）	（0.00752）	（0.00515）	（0.00428）	（0.00232）
lntfp	3.20300 ***	5.46800 ***	8.62200 ***	12.77000 ***	11.52000 ***
	（0.33200）	（0.19600）	（0.34500）	（0.38100）	（0.57900）
lnspec	0.89700 ***	0.81200 ***	0.64900 ***	0.44000 ***	0.45200 ***
	（0.01100）	（0.01130）	（0.01170）	（0.00861）	（0.01740）
lnhhi	−0.09240 ***	−0.19900 ***	−0.11200 ***	0.00225	0.04090 ***
	（0.01160）	（0.01230）	（0.00464）	（0.00638）	（0.00655）
lnoutput	−0.00000	4.08E−09 *	5.07E−09 ***	5.05E−09 ***	3.87E−09 ***
	（2.74E−09）	（2.23E−09）	（1.56E−09）	（1.23E−09）	（7.77E−10）
常数项	0.94000 **	−0.62200 **	−3.21300 ***	−7.13500 ***	−5.18700 ***
	（0.36900）	（0.24800）	（0.35300）	（0.38800）	（0.61600）
观测值	15459	15459	15459	15459	15459

三、中间投入品进口竞争对中国工业行业技术复杂度的异质性影响

表1-8显示了相关估计结果。在中间投入品进口竞争的影响方面，分位数回归结果显示，当 q=0.05、0.25、0.50、0.75 和 0.95 时，lnIIT 的回归系数分别为显著的 0.10500、-0.02400、-0.03240、0.01500 和 0.03880。这表明，中间投入品进口竞争对不同行业技术复杂度存在异质性影响，中间投入品进口竞争不利于高等和低等技术行业技术复杂度的提升，但能促进中等技术行业技术复杂度的提升。在出口的影响方面，与前述分析一致，估计结果表明，相对于中低技术行业，出口更能够促进高技术行业技术复杂度的提升。最后，在其他控制变量的影响方面，其影响与前述分析基本一致，不再赘述。

表1-8　中间投入品进口竞争与中国工业行业技术复杂度：

分位数回归

	（1）	（2）	（3）	（4）	（5）
分位数（q）	0.05	0.25	0.50	0.75	0.95
变量	lnprody	lnprody	lnprody	lnprody	lnprody
lnIIT	0.10500 ***	-0.02400 **	-0.03240 ***	0.01500 **	0.03880 ***
	（0.02780）	（0.01070）	（0.00951）	（0.00681）	（0.00985）
lnexp	0.00677 ***	3.86E-06	0.00674	0.01720 ***	0.01350 ***
	（0.00260）	（0.00465）	（0.00414）	（0.00468）	（0.00340）
lntfp	3.73900 ***	6.53300 ***	9.82300 ***	13.81000 ***	13.83000 ***
	（0.33700）	（0.24800）	（0.41600）	（0.35800）	（0.47400）
lnspec	0.89600 ***	0.77100 ***	0.61500 ***	0.43300 ***	0.38900 ***
	（0.00860）	（0.01060）	（0.01320）	（0.01120）	（0.00967）
lnhhi	-0.06470 ***	-0.20400 ***	-0.12800 ***	-0.00531	0.04270 ***
	（0.00674）	（0.01030）	（0.00717）	（0.00517）	（0.00655）

续表

	（1）	（2）	（3）	（4）	（5）
分位数（q）	0.05	0.25	0.50	0.75	0.95
变量	lnprody	lnprody	lnprody	lnprody	lnprody
lnoutput	1.27E-09	1.51E-09	3.10E-09 *	4.89E-09 ***	5.41E-09 ***
	(2.70E-09)	(2.32E-09)	(1.74E-09)	(1.24E-09)	(9.30E-10)
常数项	4.11600 ***	4.75900 ***	5.18700 ***	5.50100 ***	6.08600 ***
	(0.03660)	(0.03850)	(0.03910)	(0.04220)	(0.02990)
观测值	17467	17467	17467	17467	17467

在其他控制变量的影响方面，其总体影响与前述分析基本一致。与前述分析略有不同的是，在贸易自由化开始以后，企业生产率更能促进高技术行业技术复杂度的提升，而专业化生产则更能促进中低技术行业技术复杂度的提升。最后，其他控制变量与之前的分析一致，不再赘述。

第六节　主要结论与政策建议

一、主要结论

本章采用中国工业企业数据库、海关贸易数据库、WTO 关税数据库等数据，采用 DID 模型、分位数 DID 模型、面板回归模型和分位数回归模型等计量研究方法，实证研究了贸易自由化、进口竞争对中国工业行业技术复杂度的影响。研究结果表明：贸易自由化从总体上不能显著促进中国工业行业技术复杂度的提升，且不利于中低技术行业技术复杂度的提升，但能够显著促进较高技术行业技术复杂度的提升；最终产品进口竞争总体上不利于中国工业行业技术复杂度的提升，尤其是不利于低技术行业技术复杂度的提升，但能够促进高技术行业技术复杂度的提升；中间投入品进口竞争总体上也不利于中国工业行业技术复杂度的提升，尤其不利于低等和高等技术行业，但能够促进中等技术行业技术复杂度的提升；对外出口能够显著促进中国工业行业技术复杂度的提升，而且相比中低技术行业，对外出口也更能促进高技术行业技术复杂度的提升；我们还发现，企业产出增加、专业化生产、资本劳动比重提高等能够显著促进中国工业行业技术复杂度的提升，而市场集中度的提高不利于中国工业行业技术复杂度的提升。

二、政策建议

本章结论也具有较强的政策性启示。第一，在推进贸易自由化进程中，我们应该全面掌握其对中国工业行业发展的影响，进一步加大政策配套措施和实施力度，激发贸易自由化对我国经济发展的促进作用。第二，在我国贸易自由化进程中，最终产品、中间产品进口竞争增加均对我国工业行业技术复杂度和竞争力产生了一定不利影响，也反映出我国企业在应对进口竞争能力上的不足，未来我国应该采取有力措施，实施差别化关税政策，提高政策针对性和有效性，防止大规模进口冲击，积极支持本土企业技术转型升级，推进本土企业供给侧结构性改革，促进技术复杂度的提升。第三，对外出口对于中国工业行业技术复杂度、竞争力及经济发展起到了重要的促进作用，未来我国还应继续采用各种有力政策和措施，促进我国企业对外出口，充分发挥出口在我国经济社会发展中的重要作用。

第二章　贸易开放、进口竞争与中国工业行业生产率[①]

本章基于中国工业企业数据库、海关贸易数据库、WTO 关税数据库等数据，采用 DID 模型、分位数 DID 模型、面板回归模型和分位数回归模型等计量研究方法，实证研究了贸易开放、对外出口、进口竞争对我国工业行业生产率水平提升的影响。

第一节　引言

本节内容包括两部分：一是介绍本章研究背景，即中国进口、工业行业生产率发展情况，并由此引申出本章研究主题；二是介绍与以往研究相比，本章主要开展的工作内容以及存在的贡献点。

一、研究背景

改革开放 40 多年以来，尤其是加入 WTO 以来，中国对外开放的深度和

---

① 本章主要内容是与严伟涛、张国峰合作，最早发表于《经济学家》，2017 年第 8 期，第 40-48 页。

广度不断加大，对外贸易依存度不断提升。目前，中国已经逐步发展成为世界第一大贸易国、第一大出口国和第二大进口国，对外出口、进口竞争对中国经济社会发展产生越来越重要的影响。与此同时，作为经济发展的内生动力和国家综合经济实力的核心体现，中国工业企业生产率水平也逐步提升（杨汝岱，2015；Yu et al.，2013；Yu，2015）。已有大量国内外文献考察研究了贸易尤其是对外出口与中国工业企业生产率之间的关系（张杰等，2009；余淼杰，2010；李春顶，2010；易靖韬和傅佳莎，2011；包群等，2014；钱学锋和余弋，2014；戴觅等，2014；Yu et al.，2013）。

然而，我们还应看到，进口也是贸易开放的重要组成部分，对一国工业和经济社会发展也起着重要作用，尤其对第二大进口国的中国而言，其作用和影响更大。鉴于此，近年来一些国内外相关文献也开始关注进口与工业行业生产率之间的关系（Amiti and Konings，2005；Acharya and Keller，2008；Topalova and Khandelwal，2014），并分析了进口对中国工业行业生产率的影响（陈勇兵等，2012；简泽等，2014；余淼杰和李晋，2015；张杰等，2015；Yu，2015；Feng et al.，2016）。然而，一方面，与出口相比，关于进口与中国工业生产率的文献还相对较少，需要从地区、城市、行业或企业层面进一步跟进补充；另一方面，如何系统考察出口、进口对工业生产率的影响需要进一步研究。

鉴于此，本章采用中国工业企业数据库、海关贸易数据库、WTO关税数据库等数据，采用DID模型、分位数DID模型、面板回归模型和分位数回归模型等计量研究方法，从"城市—行业"层面，系统实证研究贸易开放、对外出口、进口竞争对中国工业行业生产率水平提升的影响。

二、主要工作与贡献

与已有的研究相比，本章的主要工作与贡献如下：第一，关于进口与中国工业行业生产率的文献研究还相对较少，有待进一步完善，为此本章将着重补充分析进口竞争对中国工业行业生产率的影响，具有一定的文献补充贡献。第二，虽然从企业层面分析进口与中国工业行业生产率更加细致或全面，但我们不能完全放弃地区、城市或行业层面的相关研究。洪银兴（2014）也指出，一国行业或产业竞争力比企业竞争力更重要，我们需要从地区、城市或行业层面研究分析中国工业行业的产业竞争力问题。为此，本章计算与合并整理了 1998~2007 年中国"地级城市—行业"层面的面板数据，实证研究贸易开放、对外出口、进口竞争对中国工业整个行业或产业竞争力（生产率）的影响。第三，贸易开放包含出口与进口两大方面，但现有研究大多只是单独分析出口或进口与生产率之间的关系，很少全面系统分析出口、进口对生产率的影响与作用机制，这容易导致研究结论的不全面或有偏估计。为此，一方面，本章基于中国加入 WTO 的一个自然试验，利用双重差分法（DID）实证分析贸易开放对中国工业行业生产率的总体影响与作用机制；另一方面，本章将建立面板数据模型分别实证分析对外出口、进口竞争对中国工业行业的影响与作用机制。第四，已有研究大多只分析贸易开放对生产率的平均效应，忽略了异质性影响。为此，本章将采用分位数 DID 模型、分位数回归模型等研究方法，实证研究贸易开放、对外出口、进口竞争对不同行业生产率的异质性影响。

第二节　文献与机制述评

本节将对出口与企业生产率、进口竞争与企业生产率两方面的文献进行系统梳理，并在此基础上，分析进口竞争影响企业生产率的作用机制。

一、对外出口与企业生产率

经过多年发展，国内外已经积累了大量关于对外出口与企业生产率之间关系的文献。与已有研究相似，在"出口—企业生产率"关系的研究中，我们最主要关注的是企业生产率与出口选择之间的关系问题（李春顶，2015）。

首先，大量研究分析了出口企业和非出口企业之间的生产率差异，考察检验出口企业生产率是否存在"自我选择"效应，是不是只有生产率高的企业才选择出口。在理论研究方面，Melitz（2003）、Antras（2003）、Bernard等（2000）最具代表性的经典文献表明，生产率差异是决定企业出口的决定性因素，只有高生产率的企业才能进入出口市场，而低生产率的企业只能在国内市场销售，所以出口企业生产率要高于非出口企业。在实证研究方面，绝大多数国外研究也都支持了上述理论研究结论。如对发达国家和地区而言，Greenaway 和 Kneller（2004）、Bernard 和 Jensen（2004）分别采用英国、美国的企业数据，认为企业出口存在"自我选择"效应，出口企业生产率水平高于非出口企业；对于新兴工业化国家和地区而言，Aw 等（2000，2007）采用中国台湾 1986 年、1991 年和 1996 年的企业层面数据，认为出口企业比非出口企业具有更高的生产率；对于新兴市场国家和地区而言，Kasahara 和 Lapham（2013）采用智利企业层面数据研究发现，出口企业拥有更高的生产率水平，存在"自我选择"效应；对于一些发展中国家和地区而言，Bigsten 和 Gebreeyesus（2009）使用非洲埃塞俄比亚联邦民主共和国的 7000 多家企业数据发现，出口企业比非出口企业具有更高的生产率水平。

其次，大量研究也分析了出口是否提高了企业生产率水平，即检验是否存在"出口学习"效应。如 Kimura 和 Kiyota（2006）采用 1994~2000 年日本的两万多家企业数据进行研究，认为出口企业存在显著的"出口学习"效应，导致出口企业生产率显著高于非出口企业；Aw 等（2008）使用 2000~

2004年中国台湾电子行业企业数据研究表明，企业在出口中不断增加研发投入提高生产率水平，存在显著的"出口学习"效应。

再次，关于中国"出口—企业生产率"关系的相关研究方面，研究结论并不一致。一方面，与国外相关研究结论一致，相关研究表明企业出口存在"自我选择"和"出口学习"效应，出口企业生产率水平要高于非出口企业。如张杰等（2009）采用1999~2003年中国工业企业数据库进行研究，认为中国出口企业既存在"自我选择"效应，出口企业生产率高于非出口企业，又存在"出口学习"效应，出口能够促进中国企业生产率提升；易靖韬（2009）采用2001~2003年浙江省企业面板数据，钱学锋等（2011）和邱斌等（2012）采用1999~2007年中国工业企业数据进行的研究也支持了上述结论。另一方面，还有大量研究表明中国企业存在"出口—生产率悖论"。如李春顶（2010）采用1998~2007年中国工业企业数据库，通过进一步细分行业、地区、企业所有制和加工贸易企业等，发现出口企业生产率整体上低于非出口企业；Lu（2010）研究表明，中国出口企业的生产率水平及国内销售占比更低，在中国生产经营的外资子公司也存在"出口—生产率悖论"。

最后，对于中国企业存在的"出口—生产率悖论"，一些学者进行了细致深入的研究。如戴觅等（2014）、Dai等（2016）采用中国工业企业和海关统计合并数据进行研究，认为中国确实存在"出口—生产率悖论"，并从加工贸易角度揭示了悖论存在的原因；Yang和He（2014）则从本地市场保护和出口溢出效应的角度分析了悖论存在的原因。

因此，关于出口与企业生产率的研究已经相对成熟，但关于中国方面的研究，结论还不一致，且大多基于企业角度进行分析，需要从城市或行业层面进一步补充与完善。为此，本章将基于中国地级城市—行业层面面板数据进行分析，并深入研究出口对不同工业行业生产率的异质性影响与作用机制。

二、进口竞争与企业生产率

近年来，越来越多的学者开始关注进口竞争与企业生产率之间的关系，考察研究进口竞争对企业生产率的影响与作用机制。已有研究表明，进口竞争一般通过企业间和企业内两种方式影响企业生产率（Acharya and Keller，2008）。对于前一种影响方式而言，进口竞争可以影响国内各企业间的市场份额和利润（自我选择效应），进而影响企业创新的能力。一方面，进口竞争可以带来企业生产率正向"自我选择效应"。根据异质性企业理论，由于低生产率企业只能在国内销售，随着进口竞争加剧，国内销售的门槛提高，高生产率企业可以获得更多市场份额和利润，低生产率企业的市场份额和利润会下降甚至退出市场，导致高生产率企业占比提高，从而促进整个社会企业生产率的提升（Melitz，2003；Melitz and Ottaviano，2008）。另一方面，由于进口企业是相对高生产率企业，与国内相对高生产率企业的产品同质化程度相对较高，进口竞争也会使得国内高生产率企业面临的国际竞争压力增加，从而对高生产率企业的市场份额和利润产生不利影响，进而不利于企业生产率水平提升，产生负向"自我选择效应"（Horstmann and Markusen，1986；Acharya and Keller，2008）。

对于后一种影响方式而言，面对进口竞争，国内相关企业可以通过不断学习国外企业的先进技术来提高自身企业生产率（"进口中学"或技术溢出效应）。Broda 和 Weinstein（2006）指出，由于进口产品相比国内产品通常是新型产品，所以贸易能够促进知识和技能的传播。Broda 等（2006）采用印度企业数据进行研究，发现印度企业存在明显的"进口中学"效应，进口竞争显著促进了企业生产率提升；Amiti 和 Konings（2005）采用印度尼西亚的数据进行研究，认为进口竞争通过"进口中学"、提高产品多样化和产品质量等促进了企业生产率的提升。从上可以得出，由于进口竞争存在"自我选择"和"进口中学"两种效应，进口竞争是否能够促进企业生产率水平的提升并不确定。

对于中国方面的研究，一些优秀学者已经做了大量开创性研究。简泽等（2014）基于中国加入 WTO 的一个自然实验研究，认为进口竞争促进了中国企业生产率的提升；余淼杰和李晋（2015）、Yu（2015）基于中国企业层面面板数据研究表明，中间投入品进口与最终产品进口对于企业生产率具有显著促进作用；张杰等（2015）研究表明，中间品进口与资本品进口均可促进中国企业生产率提升。

三、小结

综上所述，与出口相比，国内外关于进口竞争与中国工业行业生产率之间关系的研究还相对较少，尤其是关于中国方面的研究使用数据、结论等还相对单一，需要进一步补充完善。为此，本章将基于中国"地级城市—行业"层面的面板数据进一步研究分析，并深入研究贸易开放、对外出口、进口竞争对不同行业生产率的异质性影响与作用机制。

第三节　计量模型构建与估计方法

为了实证检验贸易开放、对外出口、进口竞争对不同行业生产率的异质性影响与作用机制，本节将构建 DID 模型、面板数据回归模型、分位数回归模型以及中介效应回归模型。

一、贸易开放对工业行业生产率的总体影响

加入 WTO 后，中国的贸易发展体制和开放水平发生了重大外生变化，但

不同地区和行业的关税减让进程存在很大差异，这实际上也为我们考察贸易开放对中国工业行业生产率的影响提供了一项难得的自然试验。对于这种外生政策环境冲击的影响，通过使用 DID 方法进行分析。为此，我们依据本章研究需要建立以下 DID 模型，以考察分析贸易开放对我国工业行业生产率的总体影响：

$$\text{lntfp}_{cit} = \beta_0 + \beta_1 dt + \beta_2 du + \beta_3 \left(dt \times du \right) + \beta_4 X_{cit} + \varepsilon_{cit} \qquad (2-1)$$

其中，lntfp_{cit} 为中国"城市—行业"层面工业行业生产率水平的对数，dt 表示 WTO 的时间哑变量，2002 年之前取值为 0；2002 年及以后 dt 取值为 1。du 表示处理组与控制组的区别，其中 du = 1 表示处理组，它包含过渡期结束以后加权平均关税税率在 10%以下的城市层面 CIC 2 分位数行业，即受到贸易开放影响的行业；du = 0 则为控制组，为过渡期结束以后加权平均关税税率在 10%以上的城市层面 CIC 2 分位数行业，即没有受到贸易开放影响的行业（简泽等，2014）。下标 c、i 和 t 分别代表城市、行业和时期，X_{cit} 为其他控制变量，包括城市—行业层面的产出（lnoutput）、行业专业化指数（lnspec）、行业市场集中度（lnhhi）等变量，ε_{cit} 为随机扰动项。

从表 2-1 中我们可以得知 DID 模型中各个参数的含义。由 DID 模型表达式可知，对于处理组（du = 1，受到贸易开放影响的行业），贸易开放（加入 WTO，下同）前后中国工业行业生产率增长分别为 $\beta_0 + \beta_1$ 和 $\beta_0 + \beta_1 + \beta_2 + \beta_3$，处理组在贸易开放前后中国工业行业生产率的变化幅度为 $\triangle \text{lntfp}_{ci1} = \beta_2 + \beta_3$，包含了贸易开放以及其他各种因素的影响。同理，对于控制组（du = 0）行业，贸易开放前后中国工业行业生产率增长分别为 β_0 和 $\beta_0 + \beta_2$，所以没有受到贸易开放影响的行业在贸易开放前后中国工业行业生产率变化为 $\triangle \text{lntfp}_{ci0} = \beta_2$，这个变化没有包含贸易开放的影响，但包含了其他因素的影响。因此，我们可以用处理组行业在贸易开放前后工业行业生产率变化 $\triangle \text{lntfp}_{ci1} = \beta_2 + \beta_3$，减去控制组在贸易开放前后工业行业生产率变化 $\triangle \text{lntfp}_{ci0} = \beta_2$，就可以得到贸易开放对工业行业生产率的净影响 $\triangle \triangle \text{lntfp}_{ci} = \beta_3$。因此，在 DID 模型中，我

们将重点关注系数 β_3 的变化情况。

表 2-1　DID 模型中各个参数的经济学含义

	贸易开放前（dt = 0）	贸易开放后（dt = 1）	Difference
处理组（du = 1）	$\beta_0+\beta_1$	$\beta_0+\beta_1+\beta_2+\beta_3$	$\triangle \text{lntfp}_{ci1}=\beta_2+\beta_3$
控制组（du = 0）	β_0	$\beta_0+\beta_2$	$\triangle \text{lntfp}_{ci0}=\beta_2$
DID	—	—	$\triangle\triangle \text{lntfp}_{ci}=\beta_3$

但与此同时，上述 DID 模型是建立在均值回归模型的基础上。虽然上述 DID 模型可以使我们准确考察贸易开放对中国工业行业生产率水平的一般影响，但不能分析贸易开放对不同生产率水平行业的生产率可能产生的不同影响。因此，为了进一步分析贸易开放对不同生产率水平行业的生产率的异质性影响，也为了进一步检验上述 DID 回归结果的稳健性，我们在上述 DID 回归模型的基础上引入非参数的分位数 DID（Quantile DID）模型：

$$\text{lntfp}_{cit}=\beta_0^q+\beta_1^q dt+\beta_2^q du+\beta_3^q（dt\times du）+\beta_4^q X_{cit}+\varepsilon_{cit}^q \qquad (2-2)$$

其中，上标 q 表示中国工业行业生产率 lntfp_{cit} 的第 q 分位数。

二、进口竞争、出口对工业行业生产率的影响

在考察分析了贸易开放对中国工业行业生产率的总体影响后，我们将基于 2002~2006 年中国"城市—行业"层面的面板数据，建立计量分析模型，分别研究出口、进口对工业行业生产率的影响。

$$\text{lntfp}_{cit}=\beta_0+\beta_1\ln RJ_{cit}+\beta_2\ln exp_{cit}+\beta_3 X_{cit}+\beta_4\omega_{ci}+\beta_5\eta_t+\varepsilon_{cit} \qquad (2-3)$$

其中，lntfp_{cit} 为中国"城市—行业"层面工业行业生产率水平的对数，$\ln RJ_{cit}$ 为中国"城市—行业"层面进口渗透率，$\ln exp_{cit}$ 为中国"城市—行业"层面企业出口额的对数，X_{cit} 为其他控制变量，包括"城市—行业"层面的产出（lnoutput）、行业专业化指数（lnspec）、行业市场集中度（lnhhi）等变

量，ω_{ci} 为行业固定效应，η_t 为时间固定效应，ε_{cit} 为随机扰动项。在具体估计方法方面，我们将根据相关检验结果选择面板混合 OLS 聚类稳健标准差回归、固定效应模型（FE）、随机效应模型（RE）、面板工具变量分析等方法。

最后，我们也将采用分位数回归模型进行进一步分析和稳健性检验：

$$\text{lnprody}_{cit} = \beta_0^q + \beta_1^q \ln RJ_{cit} + \beta_2^q \ln \exp_{cit} + \beta_3^q X_{cit} + \beta_4^q \omega_{ci} + \beta_5^q \eta_t + \varepsilon_{cit}^q \qquad (2\text{-}4)$$

其中，上标 q 表示工业行业生产率 lntfp_{cit} 的第 q 分位数。

三、中介效应模型

在考察分析贸易开放、出口、进口对中国工业行业生产率的影响后，我们还将分别建立相关模型，研究贸易开放、出口、进口对产出、销售额、产业增加值、资本劳动比等决定工业行业生产率水平的各个要素影响，从而进一步分析贸易开放、出口、进口对中国工业行业生产率的影响机制。为此，我们将分别建立以下模型：

$$Y_{cit} = \beta_0 + \beta_1 dt + \beta_2 du + \beta_3 (dt \times du) + \varepsilon_{cit} \qquad (2\text{-}5)$$

$$Y_{cit} = \beta_0 + \beta_1 \ln RJ_{cit} + \beta_2 \ln \exp_{cit} + \beta_3 \omega_{ci} + \beta_4 \eta_t + \varepsilon_{cit} \qquad (2\text{-}6)$$

其中，式（2-5）为 DID 模型，式（2-6）为面板数据模型，Y_{cit} 为决定中国工业行业生产率水平的产出、销售额、产业增加值、资本劳动比等各个要素变量。

第四节　数据、变量与描述性统计

上述模型需要采用"城市—行业"层面的面板数据进行回归分析，涉及多个数据库的对接，为此，接下来，本节将从数据来源、数据处理、变量构建以及描述性统计几个方面进行介绍。

一、数据来源与处理

（一）数据来源

本章所使用的数据包括中国工业企业数据库（1998~2007年）、海关贸易数据库（2002~2006年）、WTO关税数据库（2002~2006年）三套高度细化的数据。

第一套数据为1998~2007年的中国工业企业数据库，包括我国所有国有企业数据和年销售额在500万元以上的规模以上非国有企业数据。虽然年份越近的数据对于决策分析的指导意义越大，但2007年以后中国工业企业数据库存在大量数据缺失和误差，数据质量非常差，学术界使用较少，所以我们将主要依据1998~2007年中国工业企业数据库计算生产率水平、专业化水平、赫芬达尔指数、产出、销售额、增加值、资本劳动比等指标（余淼杰和李晋，2015）。

第二套数据为2002~2006年中华人民共和国海关总署各企业贸易交易数据库，由于2007年及以后的海关数据库还在整理之中，且数据结构与2002~2006年的海关数据库存在较大差异，结合本章研究目标，我们将使用学术界普遍使用且相对成熟的2002~2006年中国海关贸易数据库（余淼杰和李晋，2015）。这套数据涵盖的每种产品信息如下：贸易的基本变量，包括贸易额、贸易状态（进口或出口）、产品数目等；贸易模式和方式的变量，包括出口或进口的对象国家或地区、贸易类型（加工贸易或一般贸易）、贸易模式等；企业的基本信息，包括企业的名称、企业所有制（外资/私有/国有）、海关编码、城市等。根据该数据库，我们可以计算企业进口渗透率、进口关税等数据指标。

第三套数据为WTO关税数据库，根据本章研究目的和数据库之间对接需要，我们将主要选取中国 2002~2006 年 HS8 编码下各产品的平均进口关税。

（二）数据处理

在对中国工业企业数据库的处理方面，我们将根据 Cai 和 Liu（2009）、Yu（2015）等研究方法，对工业企业数据库的缺失值进行删除，并根据公认会计准则删除流动资产大于总资产、总固定资产大于总资产、固定资产净值大于总资产、无识别编号、无编码等类型的观测值，并根据本章研究需要，选取和计算相应变量指标。

对于海关贸易数据库和 WTO 关税数据库而言，由于海关贸易数据是 HS8 位码，而从 WTO 直接获得的关税数据是 HS6 位码，所以我们先将关税数据合并到海关数据中。然后，根据本章研究需要，采用 CIC 行业代码标准，将 HS 编码与 CIC 行业编码进行统一归类和对接，进而将中国海关数据库、中国工业企业数据库和世界银行数据库中的城市代码截取为 4 分位，行业代码截取为 2 分位，最终通过城市代码和行业代码对三个数据库的相关变量进行加权平均、对接合并和整理。

二、变量与描述性统计

（一）城市—行业层面全要素生产率

对于各城市分行业的全要素生产率，我们根据企业层面的全要素生产率以产值为比重加强平均得到，具体计算公式为：

$$\text{tfp}_{cit} = \sum_f q_{fcit} \cdot \text{tfp}_{fcit} \tag{2-7}$$

其中，tfp_{fcit} 表示城市 c 行业 i 时间 t 企业 f 的全要素生产率，q_{fcit} 为企业 f 的产值在其所在城市所在产业产值中的比重。

企业的全要素生产率采用 Olley-Pakes 方法计算得到，并参照 Brandt 等（2012）的处理方法进行了价格指数平减，其中，总产出采用 4 分位的行业的产出价格指数进行折算，资本存量 K_{it} 为固定资产净值年平均余额，采用年度投资价格指数进行平减。投资 $I_{it} = K_{it} - (1-\delta) K_{it-1}$，折旧率 δ 首先根据企业本年折旧与上一年的固定资产净值相除得到企业折旧率，在剔除大于 1 和小于 0 的数值后，再进行行业平均，最后得到 4 分位行业的折旧率。

（二）进口竞争

根据本章研究目的，本章将采用进口渗透率（RJ）作为进口竞争的测度指标进行分析。进口渗透率（即行业的进口额除以总产出）作为关税和非关税壁垒的共同结果，是衡量贸易自由化程度的合适工具（余淼杰，2010），进口渗透率的提高意味着国内工业行业将会面对更激烈的进口竞争，是测度进口竞争的合理指标（Cunat and Guadalupe，2009）。在计算进口渗透率时，我们利用中国工业企业数据库计算出城市和行业层面的总产出 QJ_{cit}，利用海关数据库计算出城市层面和行业层面的进口额 IMJ_{cit}，通过 4 分位的城市代码和 CIC 分类 2 分位的行业代码将总产出 QJ_{cit} 合并到海关数据库中，从而算出 2004 年的城市 c 行业 i 的进口渗透率：

$$RJ_{cit} = \frac{IMJ_{cit}}{QJ_{cit}} \tag{2-8}$$

与此同时，为解决内生性问题，我们将采用各城市分行业的加权平均进口关税（ave）作为进口渗透率的工具变量。如果只是采用进口数量测度进口竞争程度，往往会忽略贸易壁垒的影响。进口关税作为一国或地区的贸易保护手段，一定时期内是外生不变的，可以直接影响进口产品种类与数量，进而影响进口带来的竞争程度（Cunat and Guadalupe，2009），是进口渗透率的合理工具变量。为此，本章采用城市、行业层面的进口值为权重对进口关税进行加权平均，得到"城市—行业"层面的加权平均进口关税。

（三）专业化指数

已有研究表明，专业化分工和生产能够带来规模经济效应，促使整个行业交易成本下降，提高工业行业生产率水平（Amiti and Wei，2009）。依据

Gao（2004）的研究，本章专业化指数具体计算公式为：

$$\text{spec}_{cit} = \frac{y_{cit}/y_{ct}}{y_{it}/y_t} \tag{2-9}$$

其中，$y_c \equiv \sum_i y_{ci}$ 为城市 c 所有产业的产出总和，$y_{it} \equiv \sum_c y_{ict}$ 为产业 i 的全国总产出，$y_t \equiv \sum_c \sum_i y_{cit}$ 为全国所有产业的总产出，该指数我们主要依据中国工业企业数据库计算。

（四）赫芬达尔指数

研究表明，市场集中度对于整个工业行业技术研发和生产率具有重要影响。一方面，市场集中度高的行业，企业垄断地位和市场占有率较高，可以有更多资金投入研发，对中国工业行业生产率具有促进作用；另一方面，市场集中度高的行业面临的竞争压力相对较小，也会降低主动研发、提高中国工业行业生产率和竞争力的动力，对生产率产生不利影响（余淼杰和李晋，2015）。基于此，本章采用赫芬达尔指数来测度市场集中度，赫芬达尔指数的构造为：

$$\text{hhi}_{cit} = \sum_f \left(y_{cift}/y_{cit} \right)^2 \tag{2-10}$$

其中 y_{cif} 表示城市 c 行业 i 中的企业 f 的总产出。

我们还根据研究需要，选取和计算了影响中国工业行业生产率的出口（lnexp）、平均进口关税（ave）、资本劳动比（lnkli）、行业产值（lnoutput）、行业增加值（lnvalue）、行业销售额（lnsale）等其他变量。各主要变量的描述性统计如表 2-2 所示。

表 2-2 各变量描述性统计

变量名	均值	标准差	最小值	最大值
lntfp	0.0300	0.0538	-0.0646	0.9190
ave	8.1980	5.3070	0.0000	65.0000
lnexp	11.2100	2.4170	0.6930	20.0800

变量名	均值	标准差	最小值	最大值
lnoutput	12.8900	2.1000	2.3030	20.5000
lnsale	12.8500	2.1170	1.9460	20.4800
lnvalue	11.6100	2.0950	1.0990	18.8000
lnspec	-0.6950	1.4780	-9.4100	4.0480
hhi	-1.5250	1.0470	-6.1010	0.0000
lnkli	5.4850	0.4950	4.4460	6.9030

第五节　估计结果与分析

基于第三节所构建的模型以及第四节所设定的变量，可以得到各模型的估计结果。本节将对基准模型回归结果以及稳健性检验结果进行细致研究，并由此得出本章研究的主要结论。

一、贸易开放对工业行业生产率的总体影响

如前所述，加入 WTO 为分析贸易开放对工业行业生产率的影响提供了一个准自然实验，我们将运用 DID 方法来估计与分析贸易开放对中国工业行业生产率增长的净效应。

（一）基准模型结果分析

在表 2-3 中，（1）列为没有加入其他控制变量的估计结果，（2）～（6）列为依次加入其他控制变量的回归结果。从表 2-3 中可以得知，我们最关心

的贸易开放对中国工业行业生产率的净效应，即 dt×du 变量的回归结果基本上高度显著为正，表明贸易开放从总体上能够显著促进中国工业行业生产率水平的提升。这也进一步表明，加入 WTO 能够显著促进中国工业行业生产率和经济增长，是一项有利于我国经济发展的重大决策，我国应该进一步扩大对外开放水平。

与此同时，我们从其他变量的回归结果中也可以得知，随着行业产出增加，工业行业生产率水平也随之提升，这也是工业行业生产率水平提升的源泉。随着行业资本劳动比的提升，行业生产率水平也随之提升，表明我们应加大资本投入，积极发展资本密集型行业，减少对劳动的依赖，促进劳动密集型行业转型，从而进一步提升中国工业行业生产率。另外，结果表明，随着行业专业化生产，整个工业行业生产率水平不断提升，表明行业专业化生产能够带来规模经济，降低交易成本。最后，随着行业赫芬达尔指数提高，整个行业生产率水平趋于下降，这反映出行业集中度越高，则垄断势力越大，不利于整个行业主动加大研发投入，进而提高整个行业生产率（余淼杰和李晋，2015）。

表 2-3　贸易开放与工业行业生产率（DID 方法）

变量	（1）lntfp	（2）lntfp	（3）lntfp	（4）lntfp	（5）lntfp	（6）lntfp
dt	0.04120 (0.03350)	−0.47600 *** (0.02080)	0.03980 (0.03330)	0.08710 *** (0.01710)	−0.05940 ** (0.03030)	−0.13600 *** (0.01500)
du	0.00886 (0.02990)	0.06390 *** (0.01840)	−0.10800 *** (0.03020)	0.05260 *** (0.01530)	0.10300 *** (0.02700)	−0.02050 (0.01350)
dt×du	0.08220 ** (0.03820)	0.02540 (0.02360)	0.08300 ** (0.03800)	0.12600 *** (0.01950)	0.07980 ** (0.03450)	0.09220 *** (0.01690)
lnoutput	—	0.63800 *** (0.00241)	—	—	—	0.25500 *** (0.00298)

续表

变量	（1） lntfp	（2） lntfp	（3） lntfp	（4） lntfp	（5） lntfp	（6） lntfp
lnkli	—	—	0.34800 *** （0.01650）	—	—	0.25700 *** （0.00791）
lnspec	—	—	—	0.96500 *** （0.00276）	—	0.70800 *** （0.00352）
hhi	—	—	—	—	−2.38900 *** （0.02420）	−0.07950 *** （0.01510）
常数项	−4.60700 *** （0.02620）	−12.59000 *** （0.03420）	−6.42500 *** （0.09010）	−4.03600 *** （0.01350）	−3.81900 *** （0.02500）	−8.70100 *** （0.04820）
观测值	43290	43290	43290	43290	43290	43290
R^2	0.00100	0.61900	0.01100	0.73900	0.18400	0.80400

注：回归系数括号内为标准误；***、** 和 * 分别表示在 1%、5% 和 10% 显著性水平上显著，下同。

（二）稳健性检验

接下来，我们将采用分位数 Quantile DID 模型研究方法进行稳健性检验分析，考察贸易开放对不同行业生产率的异质性影响。表 2-4 显示了相关估计结果，从中可以看出，我们最关心的贸易开放对中国工业行业生产率的净效应，即 dt×du 变量的回归系数随着分位数 q 的变化而变化：当 q = 0.25 时，dt×du 的回归系数在不加控制变量时为 0.07840 且不显著，加入控制变量时为 0.05420 且十分显著；当 q = 0.50 时，dt×du 的回归系统在不加控制变量时显著为 0.08220，加入控制变量时为 0.02090 且不显著；当 q = 0.75 时，dt×du 的回归系统在不加控制变量时显著为 0.10100，加入控制变量时显著为 0.09270。我们从中可以得出以下结论：一方面，这进一步验证了均值 DID 分析方法的基本结论，即贸易开放从总体上能够显著促进中国工业行业生产率水平的提升，验证了均值 DID 结果的稳健性；另一方面，贸易开放对不同行业生产率的影响存在异质性，相比生产率水平较低的行业，贸易开放更能显著促进生产率水平较高行业生产率的提升。

表 2-4 稳健性检验（Quantile DID 方法）

	（1）	（2）	（3）	（4）	（5）	（6）
分位数（q）	0.25	0.50	0.75	0.25	0.50	0.75
变量	lntfp	lntfp	lntfp	lntfp	lntfp	lntfp
dt	0.00013	0.04950	0.07550 *	−0.14700 ***	−0.11700 ***	−0.11800 ***
	（0.04440）	（0.03980）	（0.03880）	（0.02270）	（0.01830）	（0.01760）
du	0.02400	0.00109	0.02330	0.01960	−0.06490 ***	−0.12700 ***
	（0.03960）	（0.03550）	（0.03460）	（0.02090）	（0.01650）	（0.01550）
dt×du	0.07840	0.08220 *	0.10100 **	0.05420 **	0.02090	0.09270 ***
	（0.05060）	（0.04540）	（0.04430）	（0.02560）	（0.02070）	（0.01980）
lnoutput	—	—	—	0.27800 ***	0.25100 ***	0.22000 ***
				（0.00442）	（0.00364）	（0.00342）
lnkli	—	—	—	0.19200 ***	0.29200 ***	0.40400 ***
				（0.01230）	（0.00966）	（0.00896）
lnspec	—	—	—	0.71500 ***	0.71700 ***	0.72700 ***
				（0.00528）	（0.00431）	（0.00419）
hhi	—	—	—	−0.09130 ***	−0.14900 ***	0.00205
				（0.02240）	（0.01850）	（0.01770）
常数项	−5.55900 ***	−4.45000 ***	−3.48500 ***	−9.08700 ***	−8.69900 ***	−8.47600 ***
	（0.03470）	（0.03120）	（0.03040）	（0.07440）	（0.05890）	（0.05480）
观测值	43290	43290	43290	43290	43290	43290

与此同时，我们还可发现，当 q=0.25、0.50 和 0.75 时，其他控制变量的系数都基本十分稳定，与均值 DID 回归结果基本一致，稳健性较好。其中，赫芬达尔指数（hhi）的系数分别显著的−0.09130、显著的−0.14900 和不显著的 0.00205，这与简泽等（2014）的研究一致，表明对于中低生产率水平的行业而言，市场集中度越高，垄断势力越大，越不利于该行业自主创

新投入的增加，不利于生产率水平的提升。另外，估计结果还表明，行业产出（lnoutput）在各个分位数下均高度显著为正，且对中低生产率水平的行业影响更大；资本劳动比（lnkli）在 q = 0.25、0.50 和 0.75 时，分别显著为0.19200、0.29200 和 0.40400，随着分位数增加而明显提高，表明相对中低生产率水平行业，高生产率水平行业的资本劳动比增加对中国工业行业生产率的促进作用更大，一定程度上也反映出高生产率水平行业更多依赖资本投入；在专业化（lnspec）的影响方面，各个分位数下的估计系数均高度显著为正，系数也相对变化不大，表明对于所有行业而言，专业化生产均可以显著促进生产率水平提升。

二、进口竞争、对外出口与中国工业行业生产率

在考察分析了贸易开放对中国工业行业生产率的总体影响后，我们接下来将分别考察对外出口、进口竞争对中国工业行业生产率的影响，从而能够准确把握不同贸易方式的异质性影响。

（一）基准模型结果分析

为考察进口竞争、对外出口对中国工业行业生产率的影响，我们将分别采用面板估计（FE 模型）和面板 IV 估计（FE 模型）进行分析，其中我们选取"城市—行业"层面的加权平均进口关税作为工具变量。相关检验表明，我们采用的估计方法是有效的。

首先，在进口竞争的影响方面，从表2-5中（1）～（4）列估计结果中我们可以得知，随着进口渗透率的增加，进口竞争加剧，中国工业行业生产率水平随之下降，即随着进口渗透率增加1%，则中国工业行业生产率水平约降低 0.0505%~0.0756%。这反映出，在我国贸易开放进程中，进口增加确实对我国工业行业的整体竞争力产生了一定不利影响，也反映出我国工业行业在应对进口竞争能力上的不足，未来我国应该采取有力措施，防止大规

模进口冲击，积极支持中国工业行业整体转型升级，推进工业行业供给侧结构性改革，提高工业行业的整体市场占有率和竞争力，发挥规模经济优势作用，促进中国工业行业生产率提升。

其次，在对外出口的影响方面，随着出口的增加，中国工业行业生产率水平不断提升，即随着对外出口增加1%，中国工业行业生产率水平约提升0.138%~0.169%。这表明，在我国贸易开放进程中，出口导向型发展模式对于工业行业生产率、竞争力和中国经济发展起到了重要的促进作用，未来我国还应继续采用各种有力政策和措施，促进我国工业行业对外出口，充分发挥出口在我国经济社会发展中的重要作用。

最后，在其他控制变量的影响方面，我们从表2-5中可以得出，随着行业产出增加、生产专业化程度提高，整个行业生产率水平不断提升；随着行业赫芬达尔指数提高，整个行业生产率水平趋于下降，这与前述分析结果保持一致。

表 2-5　进口竞争、对外出口对中国工业行业生产率的影响

变量	普通面板估计（FE 模型）		面板 IV 估计（FE 模型）	
	（1）	（2）	（3）	（4）
	lntfp	lntfp	lntfp	lntfp
lnRJ	−0.06040 ***	−0.05050 ***	−0.06740 **	−0.07560 ***
	（0.00313）	（0.00296）	（0.02980）	（0.02760）
lnexp	0.16900 ***	0.14100 ***	0.16800 ***	0.13800 ***
	（0.00376）	（0.00369）	（0.00584）	（0.00501）
lnoutput	—	5.20E−09 ***	—	5.13E−09 ***
		（5.09E−10）		（5.15E−10）
spec	—	0.17500 ***	—	0.17200 ***
		（0.00491）		（0.00618）
hhi	—	−0.08110 ***	—	−0.07550 ***
		（0.00976）		（0.01090）

续表

变量	普通面板估计（FE 模型）		面板 IV 估计（FE 模型）	
	（1）	（2）	（3）	（4）
	lntfp	lntfp	lntfp	lntfp
常数项	−5.98400***	−6.09500***	−5.96500***	−6.03200***
	（0.04320）	（0.04250）	（0.07680）	（0.07720）
F 或 LM 检验	1324.63000	890.72000	31.14000	24.98000
	（0.00000）	（0.00000）	（0.00000）	（0.00000）
Hausman 检验	172.26000	279.26000	32.68000	285.57000
	（0.00000）	（0.12660）	（0.00000）	（0.00000）
Anderson 检验	—	—	128.01300	134.85700
			（0.00000）	（0.00000）
Cragg-Donald 检验	—	—	129.45000	136.41800
			（0.00000）	（0.00000）
观测值	15534	15534	15390	15390
R^2	0.18800	0.28000	0.18800	0.27500

（二）稳健性检验

为进一步验证基准模型的估计结果，我们接下来将采用普通分位数回归模型和工具变量分位数模型研究方法进行稳健性检验分析，考察进口竞争、对外出口对不同行业生产率的异质性影响，表 2-6 显示了相关估计结果。其中，工具变量为"城市—行业"层面的加权平均进口关税。相关检验表明，我们采用的估计方法是有效的。

首先，在进口竞争的影响方面，表 2-6 分位数回归结果与表 2-5 的研究结论基本一致，进口竞争不利于中国工业行业生产率水平提升。同时，当 q=0.25、0.50 和 0.75 时，lnRJ 的回归系数分别高度显著为 −0.12000、−

0.16000、-0.21400。这表明，随着进口渗透率增加，进口竞争加剧，对于中高生产率工业行业而言，其产品与进口产品同质化程度更高，市场份额和生产规模受到进口竞争的冲击相对更大，进口竞争更不利于中高技术行业生产率水平提升。

其次，在对外出口的影响方面，回归系数的结果与表 2-5 的结论基本一致，均显著为正。对于我们最关心的对外出口对中国工业行业生产率的影响，即 lnexp 变量的回归系数随着分位数 q 的变化而变化：当 q = 0.25、0.50 和 0.75 时，lnexp 的回归系数分别高度显著为 0.18000、0.15700、0.13700，即随着分位数增加，对外出口的边际效应处于明显的递减趋势，这表明相比高生产率水平行业，对外出口对中低生产率行业的生产率提升促进作用更大。

最后，在其他控制变量的影响方面，表 2-6 的回归结果表明，无论是出口行业还是进口行业，控制变量的估计结果与前述 Quantile DID 方法估计结果基本一致，在此不再赘述。

表 2-6　稳健性检验：分位数回归（Quantile Regression）

	普通分位数回归			IV 分位数估计		
	（1）	（2）	（3）	（4）	（5）	（6）
分位数（q）	0.25	0.50	0.75	0.25	0.50	0.75
变量	lntfp	lntfp	lntfp	lntfp	lntfp	lntfp
lnRJ	-0.07540***	-0.05920***	-0.05510***	-0.12000***	-0.16000***	-0.21400***
	（0.00472）	（0.00533）	（0.00531）	（0.01130）	（0.01060）	（0.01250）
lnexp	0.17100***	0.12200***	0.10400***	0.18000***	0.15700***	0.13700***
	（0.00989）	（0.00538）	（0.00622）	（0.00513）	（0.00484）	（0.00569）
spec	0.31300***	0.38100***	0.46300***	0.28800***	0.31700***	0.35600***
	（0.01300）	（0.01130）	（0.01100）	（0.00525）	（0.00495）	（0.00581）

	普通分位数回归			IV 分位数估计		
	（1）	（2）	（3）	（4）	（5）	（6）
分位数（q）	0.25	0.50	0.75	0.25	0.50	0.75
变量	lntfp	lntfp	lntfp	lntfp	lntfp	lntfp
hhi	−0.31700 ***	−0.25700 ***	−0.13800 ***	−0.32800 ***	−0.25000 ***	−0.13000 ***
	（0.01550）	（0.01250）	（0.01070）	（0.01200）	（0.01130）	（0.01330）
lnkli	0.61400 ***	0.66200 ***	0.69800 ***	0.65200 ***	0.76200 ***	0.81600 ***
	（0.0245）	（0.01770）	（0.01940）	（0.00929）	（0.00875）	（0.01030）
lnoutput	6.75E−09 ***	8.37E−09 ***	7.17E−09 ***	6.71E−09 ***	8.00E−09 ***	1.13E−08 ***
	（1.79E−09）	（2.09E−09）	（1.34E−09）	（8.84E−10）	（8.32E−10）	（9.78E−10）
常数项	−11.01000 ***	−10.01000 ***	−9.26600 ***	−11.31000 ***	−10.80000 ***	−10.01000 ***
	（0.17300）	（0.13400）	（0.12800）	（0.00122）	（0.00115）	（0.00135）
观测值	15390	15390	15390	15390	15390	15390

第六节　机制检验

　　由生产率增长的源泉可知，产出总量、产出增加值、销售额、资本、劳动等是决定生产率水平的基本因素。基于此，本节将结合前述 DID、面板回归基本模型，分别估计检验贸易开放、对外出口、进口竞争对中国工业行业产出总量、产出增加值、销售额、资本劳动比的影响，得出贸易开放、对外出口、进口竞争对中国工业行业生产率增长的影响机制。

首先，在贸易开放对工业行业生产率的总体影响机制方面，表2-7中的（1）～（3）列显示，dt×du变量的回归系数均为正，这表明贸易开放对工业行业产出总量、产出增加值、销售额的总体净增加值应均显著为正，贸易开放促进了整个行业产出总量、产出增加值、销售额的增加，从而促进了中国工业行业生产率水平的提升。同时，我们也发现，贸易开放对资本劳动比的影响是不显著的，这一定程度上反映了我国工业行业劳动密集型发展特点，贸易开放不能够显著提高行业资本比重。

表2-7　贸易开放对工业行业生产率的机制检验

变量	（1）lnoutput	（2）lnsale	（3）lnvalue	（4）lnkli
dt	0.8500 ***	1.764E+06 ***	0.9160 ***	0.4390
	（0.0416）	（208963）	（0.0429）	（2.6930）
du	−0.0794 **	49752	−0.1020 ***	74.3600 ***
	（0.0371）	（186073）	（0.0368）	（2.3980）
dt×du	0.0789 *	823404 ***	0.0875 *	0.5660
	（0.0475）	（238473）	（0.0490）	（3.0730）
常数项	12.4500 ***	1.039E+06 ***	11.1600 ***	215.8000 ***
	（0.0325）	（163063）	（0.0323）	（2.1010）
观测值	43654	43654	39188	43654
R^2	0.0450	0.0140	0.0550	0.0540

其次，在进口竞争对工业行业生产率的影响机制方面，表2-8中的（1）～（3）列、（5）～（7）列表明，lnoutput、lnsale和lnvalue的回归系数均为负，说明进口竞争不利于工业行业产出总量、产出增加值和销售额的增加，进而不利于中国工业行业生产率水平的提升。但与此同时，进口竞争却对行业资本劳动比具有显著促进作用，这反映出随着进口渗透率增加，竞争加剧，促使国内进口工业行业转型升级产品，扩大资本密集型产品生产，从而提高了

资本比重。

最后，在对外出口对中国工业行业生产率的影响机制方面，表2-8中的（1）～（3）列和（5）～（7）列显示，lnoutput、lnsale 和 lnvalue 的回归系数均为正，表明对外出口促进了工业行业整体产出总量、产出增加值、销售额的增加，从而有利于中国工业行业生产率水平的提升。但与此同时，我们还看到，对外出口对行业资本劳动比具有显著负面影响，这反映出我国出口行业具有明显的劳动密集型特征，而对外出口进一步促进了劳动密集型工业行业的发展。

表2-8 进口竞争、对外出口对工业行业生产率的机制检验

变量	(1)	(2)	(3)	(4)	(5)	(6)	(7)	(8)
	FE 估计	FE 估计	FE 估计	OLS		IV 估计 (FE)		IV
	lnoutput	lnsale	lnvalue	lnkli	lnoutput	lnsale	lnvalue	lnkli
lnRJ	-0.0818***	-0.081***	-0.0955***	0.0195***	-0.016*	-0.0152	-0.0266**	0.0783***
	(0.00363)	(0.00364)	(0.0049)	(0.0014)	(0.00991)	(0.00991)	(0.0107)	(0.0095)
lnexp	0.301***	0.304***	0.345***	-0.0223***	0.921***	0.924***	0.924***	-0.622***
	(0.00434)	(0.00435)	(0.00562)	(0.00164)	(0.0741)	(0.0742)	(0.066)	(0.0876)
常数项	10.51***	10.45***	8.745***	5.686***	3.413***	3.354***	2.101***	12.5***
	(0.0498)	(0.0499)	(0.0647)	(0.0186)	(0.848)	(0.849)	(0.756)	(0.995)
F 检验	24.75	24.67	15.32	—	8.6	8.64	6.59	—
	(0.0000)	(0.0000)	(0.0000)		(0.0000)	(0.0000)	(0.0000)	
Hausman 检验	510.16	518.2	228.51	—	22.08	23.66	10.02	—
	(0.0000)	(0.0000)	(0.0000)		(0.0000)	(0.0000)	(0.0000)	
Anderson	—	—	—	—	109.007	109.007	137.299	52.522
					(0.0000)	(0.0000)	(0.0000)	(0.0000)
Cragg-Donald	—	—	—	—	110.044	110.044	139.588	52.69100
					(0.0000)	(0.0000)	(0.0000)	(0.0000)
观测值	15390	15390	12164	15547	14867	14867	11598	15403
R^2	0.339	0.34	0.355	0.022	0.4535	0.4546	0.4284	0.9247

第七节　主要结论与政策建议

一、主要结论

本章采用中国工业企业数据库、海关贸易数据库、WTO 关税数据库等数据，采用 DID 模型、分位数 DID 模型、面板回归模型和分位数回归模型等计量研究方法，实证研究了贸易开放、对外出口、进口竞争对中国工业行业生产率水平提升的影响。研究结果表明：首先，贸易开放从总体上显著促进了中国工业行业生产率水平的提升，而且相比生产率较低的行业，贸易开放更能显著促进生产率较高行业生产率水平的提升；其次，进口竞争总体上不利于我国工业行业生产率水平的提升，尤其是不利于中高效率行业生产率水平的提升；再次，对外出口能够显著促进中国工业行业生产率水平的提升，而且相比高生产率的行业，对外出口更能促进中低生产率行业生产率水平的提升；最后，我们还发现工业行业产出增加、专业化生产、资本劳动比重提高等能够显著促进我国工业行业生产率水平的提升，而市场集中度的提高不利于我国工业行业生产率的提升。

二、政策建议

本章结论也具有较强的政策性启示。第一，加入 WTO 能够显著促进中国工业行业生产率和经济增长，是一项有利于我国经济发展的重大决策，所以我国应该进一步参与 WTO 的改革与发展，进一步扩大对外开放水平，促进我国工业行业生产率水平的不断提升。第二，在我国贸易开放进程中，对外出口对于中国工业行业生产率、竞争力和中国经济发展起到了重要的促进作用，未来我国还应继续采用各种有力政策和措施，促进我国工业尤其是中低生产率水平工业行业的对外出口，充分发挥出口对我国工业行业生产率提升以及经济社会发展的重要作用。第三，在我国贸易开放进程中，进口竞争确实对我国工业行业的生产率和竞争力产生了一定不利影响，尤其是中高技术工业行业受到冲击较大，未来我国应该采取有力措施，促进中国工业行业尤其是中高技术行业的转型升级，逐步提高应对进口竞争的能力，促进中国工业行业生产率提升。第四，我国还应该进一步提高工业行业的专业化生产能力与水平，同时防止工业行业市场过分集中和行业垄断，为中国工业行业生产率提升以及经济社会发展创造良好市场条件。

本篇小结

本书第一篇主要探究了对外贸易与行业竞争力的关系，分别考察了贸易自由化（贸易开放）、进口竞争对中国工业行业技术复杂度和中国工业行业生产率的影响，得出结论。

第一，针对中国工业行业技术复杂度，总体上，贸易自由化并不能显著促进中国工业行业技术复杂度的提升，尤其是中低技术行业技术复杂度的提升，但是对较高技术行业技术复杂度的提升存在显著的促进作用。具体地，最终产品进口竞争和中间投入品进口竞争皆不利于中国工业行业技术复杂度的提升。

第二，针对中国工业行业生产率，总体上，贸易开放能够显著促进中国工业行业生产率水平的提升，而且相比生产率较低的行业，贸易开放更能显著促进生产率较高行业生产率水平的提升。具体地，一方面，进口竞争总体上不利于我国工业行业生产率水平的提升；另一方面，对外出口能够显著促进中国工业行业生产率水平的提升。

因此，一方面，中国需要在推进贸易自由化进程中，进一步加大政策配套措施和实施力度，激发贸易自由化对我国经济发展的促进作用；另一方面，中国需要在贸易开放进程中，进一步扩大对外开放水平，充分发挥出口对我国工业行业生产率提升以及经济社会发展的重要作用，促进我国工业行业生产率水平的不断提升。

第二篇 对外贸易与企业创新

开篇提要

创新是当今时代的重大命题，回顾过去，从党的十八大后全面实施创新驱动发展战略，到推进创新型国家建设，我国始终将科技创新放在国家发展全局的核心位置。"十三五"期间，我国科技创新实力跃上新台阶，全社会研发经费支出由2015年的14169.88亿元增长至2020年的24426.00亿元，高技术制造业增加值占规模以上工业增加值的比重由11.8%逐年上升至15.1%，全国科技成果实现213万项，是"十二五"时期的1.52倍。习近平总书记曾指出，抓创新就是抓发展，谋创新就是谋未来。"十四五"乃至更长一段时期，以创新融合发展、引领发展、赶超发展已成为共识。

企业作为创新的主体，如何推动企业成为产业创新的主力军，进一步激发企业的创新活力，是当前需要重点关注的问题。同时，在"以国内大循环为主体、国内国际双循环相互促进的新发展格局"下，对外贸易对促进经济高质量发展的动力引擎作用将更为突出。鉴于此，本篇将对对外贸易与企业创新展开研究，分为第三章和第四章。

第三章主要论述企业创新与中国企业出口决策。出口是中国对外贸易的重要组成部分，也是驱动我国经济增长的重要动力。为此，第三章将通过构建理论和实证模型分析创新投入和创新产出对企业出口倾向的影响，为更好发挥创新驱动在出口上的战略支撑作用，推动贸易强国建设提出建设性政策。第四章主要论述进口贸易自由化、企业创新与全要素生产率。进口作为中国对外贸易的另一重要组成部分，不但能满足国内多样化的生产、消费需求，而且进口中间品所内含的先进技术，在与国内生产结合的过程中可以产生"一加一大于二"的效应，为此，第四章将从企业创新角度，实证研究进口贸易自由化对中国企业生产率水平的影响与作用机制。

第三章　企业创新与中国企业出口决策①

在高质量发展新时期，实现外贸可持续发展必须寻求新动力。本章首先构建了企业创新与企业出口决策的理论模型，并基于中国工业企业数据库，采用 Logit 模型、倾向得分匹配模型，从创新投入与创新产出两个层面，实证研究了企业创新对中国企业出口决策的影响，并进行了行业比较，得出以下结论：第一，创新投入与创新产出从总体上能显著提高企业出口倾向，且创新产出的激励性作用更强；第二，创新投入与产出对资本密集型企业的出口倾向影响最大，对技术密集型企业的影响最小；第三，扩展分析表明创新仍有助于出口企业扩大出口规模，且创新投入的影响要大于产出。上述研究结论启示我们，培育出口竞争新优势，增强出口内生动力和活力，一方面应以企业为主导积极开展创新活动，加快研发成果市场化进程，另一方面应发挥政府引导与鼓励作用，支持企业创新发展，运用补贴等方式增强企业研发与出口积极性。

---

① 本章主要内容是与吴婷合作，最早发表于《华东经济管理》，2022 年第 4 期，第 52-59 页。

第一节 引言

面对当前世界发展的新形势与新变化，党的十九届五中全会提出重大理论创新，即"加快构建以国内大循环为主体、国内国际双循环相互促进的新发展格局"。这一理念的本质是更好利用国际国内两个市场、两种资源，实现高质量发展。其中，在国际循环层面，自改革开放以来，作为中国经济持续向前发展的一大动力，出口取得了亮眼的成绩。特别是在全球新冠肺炎疫情暴发的现实背景下，我国出口实现了逆势增长，表现出了较强的韧性。与此同时，随着全球经济的复苏，在对外贸易上，中国依然面临着国际市场需求下滑，贸易保护主义上升，供给端被替代性强等挑战，如何继续增强贸易信心、动力以及竞争力，开拓新兴出口市场，全面提高对外开放水平，助力中国经济高质量发展，是当下需要重点考虑的问题，也对赋能经济新发展具有重要意义。

在全球出口贸易份额布局调整的背景下，如何抓住新一轮"走出去"红利，党的十九大报告明确给出了答案，即"创新是引领发展的第一动力"。自实施创新驱动发展战略以来，创新成为中国加快产业发展的新赛道，各行各业科技创新势头强劲，推动了产业升级与改革。在国内外环境发生深刻复杂变化的当下，中国更加需要增强创新这个第一动力，在对外贸易上形成新优势，站稳新地位，加大话语权。因此，在构建"双循环"新发展格局时期，明确创新对出口的驱动力如何体现，以及怎样更好发挥创新驱动在出口上的战略支撑作用，对于协调国内分工和国际分工，推动贸易强国建设，实现党的十九届五中全会提出的"十四五"规划和二〇三五年远景目标至关重要。

第二节　文献综述

根据第一节描述的现实背景，本节将对创新与出口决策相关文献展开综述。首先，本节将论述创新与企业出口决策的理论文献研究；其次，介绍创新与企业出口决策的实证文献研究；再次，着重梳理现有研究中，对创新这一关键变量的衡量方式；最后，对相关研究进行简要评述，并由此提出本章研究所带来的贡献。

一、创新与企业出口决策的理论研究

现在有关创新与企业出口决策的理论研究主要有两个分支。一是产品生命周期理论，该理论以创新外生给定为假设前提，完整描述了一个产品从研发到引进市场再到退出市场的全部过程。Vernon（1966）指出，对技术投入的需求会随着产品生命所处的不同位置而发展演变，而为了维持企业出口规模，企业必须不断开展创新活动，进行产品与技术的升级。这意味着在不同阶段，企业出口决策及出口规模依赖于企业自身的技术水平。二是基于企业内部异质性的内生化增长模型。Melitz（2003）提出的"自我选择效应"表明企业出口决策依赖于外生给定的具有异质性的生产率水平：只有具有较高生产率水平的企业才能负担出口成本从而成功参与国际竞争。在此基础上，企业可以通过创新提高产品质量或降低边际成本，从而内生化企业生产率，最终对企业出口决策产生影响（Yeaple，2005；Bustos，2005；Caldera，2010；Bustos，2011）。

二、创新与企业出口决策的实证研究

创新是实现经济高质量发展的核心驱动力，但关于创新是否会驱动企业进入出口市场的研究并不多见。国外学者对此较早地展开了分析：Harris 和 Li（2008）对英国制造业企业、Caldera（2010）对西班牙制造业企业、Falk（2012）对奥地利企业的研究都发现研发在企业出口决策中起到重要的决定性作用；然而 Becker 等（2013）对德国、Jude 等（2020）对尼日利亚、Wu 等（2020）对中国的研究表示创新起到的作用有限，甚至会产生一定的负面影响。国内研究起步较晚且尚未定论，大致可分为三类：第一类学者表示提高企业创新活力有助于扩大产品国外需求，从而获得市场份额实现资源优化配置，因此创新能显著提升企业参与出口的积极性（王奇珍和朱英明，2016；项松林，2019）。第二类学者对此提出质疑，表明创新对企业出口决策的影响存在异质性，仅有助于提高内资企业（张杰等，2010）或是外资企业的出口倾向（盛丹等，2011）。第三类学者则表示创新对企业出口参与的影响存在"拐点"，只有当研发强度、创新水平达到一定门槛时，才会刺激企业出口（晏涛，2013；黄先海等，2015；安志等，2018）。

三、关于创新指标的选取

创新代表了企业核心技术水平与竞争实力，目前学术界主要从以下两个角度对企业创新进行度量：一是基于企业创新投入，如 King 和 Burgess（2006）、王雅琦和卢冰（2018）采用 R&D 支出，Li 和 Mitchell（2009）采用科研人员规模，耿晔强和白力芳（2019）采用 R&D 支出强度（研发支出/主营业务收入），苗文龙等（2019）采用技术投入率等指标刻画企业创新活动。二是基于企业创新产出，鉴于企业 R&D 投入与创新产出可能存在一定的时滞，因此部分学者选择专利申请的数量（Aarstad et al.，2016；温军和张森，

2018)、专利授权数量（梁莱歆和马如飞，2009）、新产品产值（周亚虹等，2012）、全要素生产率（Levine and Warusawitharana，2017；朱小明和宋华盛，2019）等指标对创新进行测度。运用不同的指标进行实证分析，得出了不同的结论，如李汉君（2012）以投入法衡量创新，得出创新能显著促进高技术产品的出口的结论，而 Wu 等（2020）以产出法衡量创新，则表示创新不利于提高制造业企业出口利润率，进而阻碍了企业出口。

四、小结

有关创新与出口的研究一直是国际贸易领域关注的重点。基于以上对相关文献的梳理，可以发现：第一，现阶段创新对企业出口决策的分析还比较缺乏，且创新是否会驱动国内企业参与出口贸易仍未得出一致结论，需要进一步跟进补充。第二，在研究方法上，学者使用的数据与估计方法也不同，尤其对我国的相关研究还比较缺乏。第三，在创新指标的考量上，大多文献主要从企业 R&D 支出或专利单一层面进行分析，而未充分考虑创新投入与产出两个层面的差异性影响。第四，在异质性分析上，现有研究主要关注国有企业与外资企业的差异性，缺乏对行业异质性的分析。

在以上研究缺口的基础上，为对现有文献不足进行弥补，重新考量两者关系，本章将基于中国工业企业数据库，采用 Logit 模型、PSM 倾向得分匹配估计方法，从创新投入与创新产出两个层面实证研究创新对中国企业出口决策的影响，并基于要素密集度的视角考察行业异质性影响。

与已有研究相比，本章的贡献点如下：第一，本章丰富了相关文献研究，通过梳理与本章主题有关的文献，发现大多以出口对企业创新的影响为主线，而对两者反向因果关系，特别是对出口决策的研究并不丰富，且与已有研究所得出的结论也并不一致，于是本章研究创新对中国企业出口决策的影响，将起到一定的文献补充作用。第二，在研究方法上，一方面本章参考 Aghion 等

（2018）的模型，构建了创新影响出口决策的理论模型，另一方面基于中国工业企业数据库，进行了实证检验，即从理论和经验两方面，较为清晰和准确地分析创新影响出口决策的脉络，弥补了现有文献采用单一研究方法的不足。第三，在研究层面上，大多数已有研究以创新整体为立足点，本章进一步将创新细分为创新投入和创新产出，能够更为细致地探究并明晰创新驱动力的体现情况。第四，在研究意义上，本章以新发展格局为现实背景，聚焦创新这一"牛鼻子"对经济发展动力之一，即出口的影响，对中国企业在新发展阶段，如何进行市场选择，以及增强市场竞争优势具有一定的参考价值。

第三节　理论模型分析

为了从微观层面考察创新对企业出口决策的影响，以及创新投入、创新产出产生的异质性影响，本节将参照 Aghion 等（2018）的模型，从消费者和生产者问题入手，构建创新影响企业出口决策的理论模型。

一、消费者问题

参照 Aghion 等（2018）的模型，本章假设国外消费者对产品 i 的效用函数具有以下形式：

$$u\left(q_i\right) = \alpha q_i - \frac{\beta q_i}{2}$$

其中，q_i 是产品 i 的需求量，α，$\beta > 0$。商品 i 属于 $[0, M]$ 的连续的闭集合，M 为可用产品的数量，因此消费者效用最大化问题可以表示为：

$$\max_{q_i \geq 0} \int_0^M u\left(q_i\right) d_i$$

s. t. $\int_0^M p_i q_i d_i = 1$

由此我们可以得到消费者的逆剩余需求曲线：

$$p(q_i) = \frac{u'(q_i)}{\lambda} = \frac{\alpha - \beta q_i}{\lambda}$$

其中，$\lambda = \int_0^M u'(q_i) q_i d_i > 0$ 是相应的拉格朗日乘数，与收入的边际效用相等，可解释为国外市场的竞争程度。

二、生产者问题

假设企业生产的边际成本为 c，所需支付的固定成本为 f，则根据最大化企业利润 $[p(q)q - cq - f]$ 的一阶条件可得：

产量 $q_i = \dfrac{\alpha - c\lambda}{2\beta}$

利润 $\pi = pq - cq - f = \dfrac{(\alpha - c\lambda)^2}{4\beta\lambda} - f$

若企业开展创新活动，增加研发支出，同时企业创新的成本为 f_{RD}，于是创新投入下企业的利润 π_{RD} 如下：

利润 $\pi_{RD} = \dfrac{(\alpha - c\lambda)^2}{4\beta\lambda} - f - f_{RD}$

若企业创新成功，新产品的进入将增强市场竞争程度，即 $\lambda^* > \lambda$，于是创新产出下企业的利润 π_{NEW} 如下：

利润 $\pi_{NEW} = \dfrac{(\alpha - c\lambda^*)^2}{4\beta\lambda^*} - f - f_{RD}$

三、创新与出口决策

假定进入出口市场需要支付进入成本 f_{ex} 及可变冰山成本 $\tau > 1$。企业通过衡量出口利润是否大于零决定是否进入出口市场。首先，对不创新的企业来说，当下式成立时，企业将会选择出口：

$$\pi>0 \Rightarrow \frac{(\alpha-c\lambda\tau)^2}{4\beta\lambda}-f-f_{ex}>0$$

由此得到出口的门槛边际成本为 $\bar{c}=\dfrac{\alpha-2\sqrt{(f+f_{ex})\beta\lambda}}{\tau\lambda}$。

其次，对创新投入下的企业来说，当下式成立时，企业将会选择出口：

$$\pi_{RD}>0 \Rightarrow \frac{(\alpha-c\lambda\tau)^2}{4\beta\lambda}-f-f_{RD}-f_{ex}>0$$

由此得到出口的门槛边际成本为 $\bar{c}_{RD}=\dfrac{\alpha-2\sqrt{(f+f_{ex}+f_{RD})\beta\lambda}}{\tau\lambda}$。

最后，对创新产出下的企业而言，当下式成立时，企业将会选择出口：

$$\pi_{NEW}>0 \Rightarrow \frac{(\alpha-c\lambda^*\tau)^2}{4\beta\lambda^*}-f-f_{RD}-f_{ex}>0$$

此时出口的门槛边际成本为 $\bar{c}_{NEW}=\dfrac{\alpha-2\sqrt{(f+f_{ex}+f_{RD})\beta\lambda^*}}{\tau\lambda^*}$。

比较出口门槛边际成本可知，$\bar{c}_{NEW}<\bar{c}_{RD}<\bar{c}$，因此，本章提出以下两个假设：

H1：创新型企业更容易进入出口市场。

H2：与创新投入相比，创新产出下的企业更容易进入出口市场。

第四节　数据来源与计量模型设定

一、数据来源

本章所使用的数据均来自中国工业企业数据库，考虑本章需要从创新投入和产出两个层面进行研究，因此本章选取了 2005～2007 年规模以上企业的观测值作为样本。在进行计量回归之前，本章对原始数据进行了处理：①只保留了 3 年内皆处于营业状态的制造业企业；②参考聂辉华等（2012）的做法，对异常值进行剔除；③剔除与本章研究相关的变量中数据缺失或为负值的样本观测值，最终得到 95180 家企业的数据。

二、计量模型设定

本章着眼于企业出口决定，被解释变量为企业是否选择出口，因而本章基于 Logit 模型构建如下回归方程：

$$P\ (EXPORT_{it}=1)\ =\alpha_0+\alpha_1 IN_{it}+\alpha_2 X_{it}+\delta_i+\lambda_i+\nu_i+\varepsilon_{it} \tag{3-1}$$

其中，被解释变量为企业 i 出口的概率，当企业出口交货值大于 0 时，$EXPORT=1$，否则为 0。核心解释变量 IN_{it} 表示创新，当企业研发支出 IN_RD（新产品产值 IN_NEW）大于 0 时，其取值为 1，否则为 0。X_{it} 是一系列其他影响企业出口行为的因素，δ_i、λ_i、ν_i 分别表示年份、行业以及省份固定效应，ε 为随机误差项。

控制变量 X_{it} 的选取如下：①企业生产率（Pro），根据新贸易理论，只有较高生产率的企业会参与出口，而较低生产率企业因成本限制只能在国内市场销售，因为本章纳入企业生产率作为影响因素，采用对数化的工业增加值与劳动者人数之比作为衡量指标。②资产流动性（Liq），资产流动性反映了企业的融资约束状况，通常而言，具有较高资产流动性的企业具有较强的应对风险能力，因此企业资产流动性越大出口潜力越大，为此，我们加入资产流动性变量，使用工业数据库中（流动资产–流动负债）/总资产来衡量企业资产流动性水平。③补贴收入（Gov），政府对企业进行补贴可以减轻企业成本压力，提高出口的预期利润。考虑补贴收入存在较多 0 值，因此参照通常文献的做法，对补贴收入加 1 后取对数进行度量。④企业规模（Size），企业规模大小会影响企业是否足够支付出口成本以及其在市场上的竞争力如何，本章采用对数化的工业总产值作为衡量指标。⑤广告宣传支出（Adv），投放广告有利于增加企业与产品的曝光度，获得国外市场的关注与认可，当广告宣传支出大于 0 时取 1，否则为 0。

第五节　估计结果与分析

本节将主要论述实证检验结果。首先，对所采用的数据进行描述性统计，初步分析创新型企业与非创新型企业的出口倾向；其次，分析采用 Logit 模型得到的基准回归结果；再次，按照行业分类，将制造业企业分为劳动密集型、资本密集型以及技术密集型三大类展开异质性分析；最后，为保证所得结论的可靠性，采用 PSM 估计方法进行稳健性检验。

一、描述性统计

表 3-1 给出了本章主要变量的描述性统计。对于创新投入变量（IN_RD）及创新产出变量（IN_NEW），出口企业的均值要明显高于非出口企业。对于其他变量，与非出口企业相比，出口企业在生产率、资产流动性、补贴收入以及广告宣传上占据比较优势。

表 3-1　数据的描述性分析

变量	全部企业			非出口企业			出口企业		
	样本量	均值	方差	样本量	均值	方差	样本量	均值	方差
IN_NEW	285540	0.142	0.349	196230	0.115	0.319	89310	0.204	0.403
IN_RD	285540	0.107	0.309	196230	0.071	0.258	89310	0.186	0.389

续表

变量	全部企业			非出口企业			出口企业		
	样本量	均值	方差	样本量	均值	方差	样本量	均值	方差
Size	285540	4.423	0.959	196230	4.502	0.951	89310	4.250	0.954
Pro	285540	0.747	2.012	196230	0.601	1.855	89310	1.067	2.287
Liq	285540	10.59	1.277	196230	10.40	1.161	89310	10.99	1.418
Gov	285540	0.128	0.276	196230	0.122	0.281	89310	0.142	0.267
Adv	285540	0.210	0.407	196230	0.179	0.384	89310	0.277	0.447

表3-2进一步显示了基于出口商和创新者分类的样本占比。一方面，在研发支出上，创新型企业中非出口商（55.30%）占比要高于出口商（44.70%）。另一方面，在新产品产值上，创新型企业中非出口商（45.81%）占比要低于出口商（54.19%）。另外，观察非创新者可以发现，其出口倾向皆较低，占比仅为29%左右。由此可见，创新者的出口倾向要高于非创新者，即创新与出口之间的确存在一定的关系，且创新投入和创新产出对出口行为的影响有所差异。

表3-2 创新者与出口商分类的样本占比

	研发支出=0	研发支出>0	新产品产值=0	新产品产值>0
非出口商（%）	70.95	55.30	71.47	45.81
出口商（%）	29.05	44.70	28.53	54.19

二、创新对企业出口决策的总体影响

本章采用 Logit 模型，实证检验创新对企业出口决策的总体影响，估计结果见表3-3。其中（1）～（3）列主要考察创新投入，即研发支出对企业出口决策的影响，（4）～（6）列主要考察创新产出，即新产品产值对企业出口决策的影响。

从表 3-3 可以看出，创新 IN 的估计系数均显著为正，说明创新投入和创新产出皆对企业出口决策具有显著的促进作用。具体而言，在控制其他变量的情况下，创新投入型企业的出口率要比非创新投入型企业高出 0.066%，创新产出型企业的出口率要比非创新产出型企业高出 0.158%。综上所述，创新是驱动企业参与出口活动的重要因素，且创新产出的激励作用更加强劲，与前文假设一致。本章认为创新产出更能推动企业参与出口贸易的原因有以下几点：第一，创新产出下，企业更愿意通过出口开拓营销市场，增加市场需求，扩大生产规模，提高企业收益以弥补创新的较高花费。第二，企业基于市场和用户需求开展研发活动，能够精准把握定位与目标，因此研发成果易得到市场认可，市场化所需时间较短，且在知识产权的保护下，企业研发成果具有较高的竞争实力，提高了企业预期出口收益；然而前期研发投入成本高，时间长，同时具有一定风险与不确定性，阻碍了企业出口积极性。

在其他变量的影响方面，资产流动性、企业规模、政府补贴以及外商投资的估计系数皆为正，表明以上因素都有助于企业提高出口倾向，而企业生产率则会对出口决策产生阻碍作用，这与 Melitz 所设想的不一致，一定程度上反映了我国出口企业"生产率悖论"的存在（李春顶，2010；汤二子和刘海洋，2011）。

表 3-3 基准回归结果

变量	创新投入 IN_RD			创新产出 IN_NEW		
	(1)	(2)	(3)	(4)	(5)	(6)
IN	0.144 ***	0.039 ***	0.048 ***	0.227 ***	0.141 ***	0.127 ***
	(63.87)	(15.48)	(20.17)	(93.37)	(56.29)	(50.62)
Pro	—	−0.149 ***	−0.096 ***	—	−0.146 ***	−0.094 ***
		(−146.01)	(−92.27)		(−143.86)	(−91.35)
Liq	—	0.112 ***	0.074 ***	—	0.110 ***	0.073 ***
		(37.08)	(25.89)		(36.80)	(25.46)

续表

变量	创新投入 IN_RD			创新产出 IN_NEW		
	(1)	(2)	(3)	(4)	(5)	(6)
Size	—	0.121 *** (165.54)	0.117 *** (163.00)	—	0.117 *** (160.97)	0.114 *** (157.71)
Gov	—	0.005 *** (13.42)	0.003 *** (7.70)	—	0.004 *** (8.74)	0.002 *** (5.51)
Adv	—	0.032 *** (14.88)	0.016 *** (7.96)	—	0.026 *** (12.89)	0.018 *** (9.36)
年份固定效应	NO	NO	YES	NO	NO	YES
行业固定效应	NO	NO	YES	NO	NO	YES
省份固定效应	NO	NO	YES	NO	NO	YES
观测值	285540	285540	285498	285540	285540	285498

注：表中 Logit 模型所报告的为平均处理效应。括号内为 t 值或 z 值；*、**和***分别表示在 10%、5%和 1%的水平下显著，下表同。

三、创新对企业出口决策的异质性影响

接下来，本章参考阳立高等（2018）的做法，根据企业所属行业 2 位数代码，将制造业企业分为劳动密集型、资本密集型以及技术密集型三大类①，以考察创新对企业出口决策的行业异质性影响，结果见表 3-4。总体而言，三大类企业中，创新 IN 的系数皆显著为正，说明创新投入和创新产出都对提高企业出口倾向具有重要作用，且创新产出的影响力更大，这与我们基准回归结果所得出的结论一致。具体而言，在给定其他变量的条件下，增加研发投入将使劳动密集型企业、资本密集型企业、技术密集型企业的出口概率分别提高 0.052%、0.059%、0.017%；增加研发成果将使劳动密集型企业、资本密集型企业、技术密集型企业的出口概率分别提高 0.145%、0.125%、

---

① 劳动密集型行业所含 2 位数代码有 13、14、17、18、19、20、21、22、23、24、29、30、31、34、42、43，资本密集型行业包括 15、16、22、25、26、28、32、33、35，技术密集型行业包括 27、36、37、39、40、41。

0.094%。对比可以发现，不管是在劳动密集型，资本密集型还是技术密集型行业中，创新产出的促进作用要明显强于创新投入，这与上文基准回归所得出的结论相吻合。

为了进行横向比较，本章参考连玉君和廖俊平（2017）的研究，采用似无相关检验方法，得到的经验 p 值见表 3-5。显而易见，三组的经验 p 值皆小于 0.01，表明在劳动、资本和技术三个子样本之间，存在显著的差异性。于是，可以发现，相对于劳动密集型与技术密集型企业，创新投入与产出对资本密集型企业的影响更大。本章认为一是因为资本密集型企业投资量较大，投资回收期长，能够保证研发持续性，增强成果产出率，进而激励企业出口以弥补较高支出；二是因为资本密集型企业通常兼具资源和技术密集的特征，更加接近前沿（蔡昉，2011）。在其他控制变量的影响方面，其结果与前述分析基本一致，在此不再赘述。

表 3-4　基于行业要素密集度的分组回归结果

变量	劳动密集型		资本密集型		技术密集型	
	投入	产出	投入	产出	投入	产出
IN	0.052 ***	0.145 ***	0.059 ***	0.125 ***	0.017 ***	0.094 ***
	(12.39)	(32.65)	(15.43)	(31.58)	(3.92)	(21.34)
Pro	−0.107 ***	−0.105 ***	−0.061 ***	−0.059 ***	−0.104 ***	−0.102 ***
	(−70.04)	(−69.50)	(−33.36)	(−32.90)	(−48.30)	(−47.72)
Liq	0.087 ***	0.085 ***	0.075 ***	0.074 ***	0.043 ***	0.042 ***
	(21.60)	(21.15)	(14.58)	(14.38)	(6.79)	(6.60)
Size	0.112 ***	0.109 ***	0.102 ***	0.098 ***	0.136 ***	0.130 ***
	(97.42)	(95.33)	(81.55)	(78.59)	(99.84)	(95.06)
Gov	0.005 ***	0.004 ***	0.002 **	0.001	0.002 ***	0.001 *
	(7.27)	(5.87)	(2.54)	(1.60)	(3.35)	(1.71)
Adv	−0.007 **	−0.003	0.038 ***	0.043 ***	0.029 ***	0.023 ***
	(−2.02)	(−0.99)	(11.30)	(13.39)	(7.51)	(6.36)
年份固定效应	Yes	Yes	Yes	Yes	Yes	Yes

续表

变量	劳动密集型		资本密集型		技术密集型	
	投入	产出	投入	产出	投入	产出
行业固定效应	Yes	Yes	Yes	Yes	Yes	Yes
省份固定效应	Yes	Yes	Yes	Yes	Yes	Yes
观测值	145387	145387	74522	74522	65589	65589

表 3-5　组间系数差异检验结果

	经验 p 值	
	创新投入	创新产出
劳动 Vs 资本	0.0001	0.0039
劳动 Vs 技术	0.0000	0.0000
资本 Vs 技术	0.0000	0.0000

四、稳健性检验

考虑创新与出口间可能存在互为因果的关系，本章为保证核心结论的可靠性，更好地揭示创新与企业出口的因果关系，还采用倾向得分匹配方法进行稳健性检验①。首先采用 Logit 方法对企业创新概率模型进行估计，得到样本中每家企业进行创新的倾向得分，再采用一对三的最近邻匹配对创新者和非创新者的倾向得分进行匹配，最后用匹配后非创新者的出口表现近似代替创新者未进行创新时可能的出口表现，从而得到创新对企业出口行为的平均影响，即创新对企业出口行为的因果效应。表 3-6 显示了匹配平衡性检验结果，可以看出，匹配后各匹配变量的标准化偏差都小于 5%，创新者与非创新者，即处理组与控制组的匹配变量基本不存在显著性差异，这表明匹配满

---

① 限于篇幅，文章只报告了对创新产出重新回归的结果。

足了平衡性假设，以此为基础的倾向得分匹配估计结果是可信的。用 PSM 方法估计的创新对企业出口行为影响的平均处理效应结果列示在表 3-7，可以看到，创新投入（产出）对出口行为的因果效应约为 5.2%（14%），在 1% 水平上显著，估计系数符号和显著性水平都没有发生根本性改变，这与基准回归结果一致，这进一步验证了本章主要结论的可靠性。

表 3-6 变量匹配前后差异对比

变量	样本匹配	均值		标准化偏差（%）	T 检验	
		处理组	控制组		T 值	P 值
Pro	Unmatched	4.532	4.410	12.800	20.910	0.000
	Matched	4.532	4.519	1.300	1.590	0.113
Liq	Unmatched	0.138	0.127	4.100	6.560	0.000
	Matched	0.138	0.140	−0.500	−0.610	0.545
Size	Unmatched	11.297	10.500	56.400	105.190	0.000
	Matched	11.297	11.282	1.000	1.120	0.263
Gov	Unmatched	1.841	0.615	49.800	102.540	0.000
	Matched	1.841	1.810	1.300	1.290	0.199
Adv	Unmatched	0.455	0.180	61.700	113.900	0.000
	Matched	0.455	0.453	0.300	0.350	0.723

表 3-7 创新产出对企业出口行为的平均处理效应（PSM）

变量		样本匹配	处理组	控制组	差值	标准误	T 值
出口	IN_RD	Unmatched	0.447	0.290	0.156	0.002	63.480
		ATT	0.447	0.395	0.052	0.004	13.210
	IN_NEW	Unmatched	0.542	0.285	0.257	0.003	92.850
		ATT	0.542	0.401	0.140	0.004	35.300

第六节 扩展分析

上文主要检验了创新对企业出口决策的总体影响，并由此得出结论：创新投入和创新产出都对提高企业出口倾向具有重要作用，且创新产出的影响力更大。接下来，本节将在此基础上展开扩展分析：一是对创新提高企业出口倾向的成本下降机制进行检验，二是对创新是否有助于出口企业扩大出口规模进行了扩展分析。

一、机制检验

由前文理论模型部分可知，创新型企业参与出口的一个重要原因是出口边际成本门槛值要更低。因此，本章猜测，成本下降是创新引致出口决策的一大机制。为了检验这一机制是否成立，本章构建以下模型：

$$\text{Cost}_{it} = \beta_0 + \beta_1 \text{IN}_{it} + \beta_2 X_{it} + \delta_i + \lambda_i + \nu_i + \varepsilon_{it} \tag{3-2}$$

$$P\,(\text{EXPORT}_{it} = 1) = \gamma_0 + \gamma_1 \text{IN}_{it} + \gamma_2 \text{Cost}_{it} + \gamma_3 X_{it} + \delta_i + \lambda_i + \nu_i + \varepsilon_{it} \tag{3-3}$$

其中，Cost_{it} 代表企业 i 在第 t 年的成本，采用成本占销售额的比重衡量，模型（3-2）的回归结果如表 3-8（1）列和（2）列所示。可以看到，创新投入和创新产出的估计系数皆显著为负，表明创新在一定程度上有利于减少企业成本。进一步，（3）列和（4）列中模型（3-3）的估计结果显示，在将创新、成本变量皆纳入考察后，企业成本的系数为负，创新投入和创新产出的系数为正。可见，在两种情况下，企业成本下降皆起到了部分中介的作用，即创新通过降低企业成本，促使企业参与出口贸易。

表 3-8　机制检验结果

变量	成本		出口	
	创新投入	创新产出	创新投入	创新产出
	（1）	（2）	（3）	（4）
IN	-0.037 ***	-0.024 ***	0.044 ***	0.124 ***
	（-53.74）	（-34.42）	（18.03）	（49.35）
Cost	—	—	-0.129 ***	-0.118 ***
			（-16.48）	（-15.15）
控制变量	Yes	Yes	Yes	Yes
年份固定效应	Yes	Yes	Yes	Yes
行业固定效应	Yes	Yes	Yes	Yes
省份固定效应	Yes	Yes	Yes	Yes
观测值	285540	285540	285498	285498
R^2	0.194	0.187	—	—

二、创新与企业出口规模

上文分析表明创新能激发企业出口参与活力，在此基础上，本章对创新是否有助于出口企业扩大出口规模进行了扩展分析。回归方程如下：

$$export_{it} = \alpha + \beta_1 IN_{it} + \beta_2 X_{it} + \delta_i + \lambda_i + \nu_i + \varepsilon_{it}, \quad export>0 \tag{3-4}$$

其中，export 表示出口规模，采用企业出口额表示，IN 表示研发支出/新产品产值，其他变量与上文一致。

表 3-9 中（1）列和（2）列基于 OLS 回归的估计结果显示，IN 的系数为正，说明创新对企业出口规模扩大依然具有显著的促进作用：在给定其他变量的条件下，研发支出增加一单位，出口额将增加 6.526 个单位；新产品产值增加一单位，出口额将增加 0.601 个单位。此时，创新投入的影响大于创新产出。如前所述，考虑创新与出口间反向因果关系，本章采用滞后一期创新变量作为工具进行再次估计。根据（3）列和（4）列显示的二阶段最小

二乘法估计结果显示，创新仍然对出口规模有正向影响。

表3-9　创新与出口规模

变量	OLS		2SLS	
	创新投入	创新产出	创新投入	创新产出
	（1）	（2）	（3）	（4）
IN	6.526 ***	0.601 ***	7.548 ***	1.085
	（91.040）	（170.640）	（6.880）	（1.610）
控制变量	Yes	Yes	Yes	Yes
年份固定效应	Yes	Yes	Yes	Yes
行业固定效应	Yes	Yes	Yes	Yes
省份固定效应	Yes	Yes	Yes	Yes
观测值	890310	89310	60108	60108
R^2	0.144	0.295	0.145	0.192

第七节　主要结论与政策建议

一、主要结论

在高质量发展新时期，实现外贸可持续发展必须寻求新动力。基于此，本章构建了创新与企业出口决策理论模型，并基于中国工业企业数据库，采用 Logit 模型、PSM 倾向得分匹配估计方法，从创新投入与创新产出两个层面实证研究了创新对中国企业出口决策的影响，并基于要素密集度的视角考察了行业异质性影响。理论模型分析表明，本章构建了创新影响企业出口倾向的理论模型，表明创新可以降低企业出口的边际门槛成本，激励企业参与出口贸易。在实证分析方面，本章基于2005～2007年中国工业企业数据库，从创新投入与创新产出两个层面，实证研究了创新对企业出口决策的影响，得出以下结论：第一，创新投入与创新产出都有助于提高企业出口倾向，且创新产出的激励性更强。第二，创新投入与产出对资本密集型企业的出口倾向影响最大，对技术密集型企业的影响最小。第三，扩展分析表明创新仍有助于出口企业扩大出口规模，且创新投入的影响要大于产出。

二、政策建议

本章结论在以下方面具有重要的政策含义：第一，创新是企业出口和参与国际市场的驱动力之一，尤其是对创新成功的企业来说，其出口倾向更强。因此，在我国低成本优势逐渐消失，出口动力缺乏的时期，依托创新形成新的竞争优势，激励企业出口，扩大出口规模是有利渠道之一，这对我国加快从贸易大国走向贸易强国，巩固外贸传统优势，培育竞争新优势，拓展外贸发展空间具有重要意义。我国企业要充分重视创新研发对企业参与国际化竞争、扩大出口规模的作用，积极投身研发创新，保持稳中有进的发展势头，强化科研成果产业化的能力，进而增强出口内生动力和活力。第二，对于我国政府而言，以激励创新发展为主线，不断完善市场环境，加强知识产权保护，激发服务企业创新发展的活力。因此，政府要积极支持企业创新类活动，提供适当的优惠政策或补贴，提高银行信贷支持力度以提高企业资产流动性，争取发挥创新促进出口积极性与出口规模的最大效应。第三，创新对资本密集型企业出口概率的提升作用更强，资本密集型企业所需投资量大，在政府适当支持下，需要加强自主创新能力，提高研发成果产出率与市场转化率，积极走出去参与国际竞争，实现较快发展。

第四章　进口贸易自由化、企业创新与全要素生产率[①]

本章基于 2002~2006 年中国工业企业数据库、海关贸易数据库、WTO 关税数据库等合并数据，从企业创新的角度，实证研究了进口贸易自由化对企业全要素生产率的影响与作用机制。一方面，进口贸易自由化能够促进企业创新，最终促进企业生产率水平的提升，而且对国有企业生产率水平的提升最大，对私营企业生产率水平的提升最小；另一方面，中间产品进口贸易自由化不利于促进企业创新，最终导致企业生产率水平的下降，而且对国有企业生产率的不利影响最大，对私营企业生产率的不利影响最小。

第一节　引言

近年来，中国不断降低关税总水平，提升贸易自由化水平，营造公平、透明的国际化营商环境。针对贸易自由化这一重要战略，本节从学术研究开篇，对贸易自由化的研究背景和研究意义进行归纳总结，并简要介绍本章的贡献点。

---

① 本章主要内容是与严伟涛、庄尚文合作，最早发表于《世界经济研究》，2018 年第 8 期，第 62-73 页。

一、研究背景

关于贸易自由化与企业生产率之间的关系研究一直是学术界关注的问题之一（Yu，2015）。近年来，国外越来越多的学者开始关注进口与企业生产率的关系问题，并进行了一系列的研究工作。一方面，一些研究表明，进口贸易自由化可以对企业生产率水平产生显著促进作用（Coelli et al.，2016；Bloom et al.，2016；Amiti and Konings，2007）；另一方面，一些研究则表明，进口贸易自由化并不能显著促进企业生产率的提升，甚至会对企业生产率带来不利影响（Autor et al.，2016；Acharya and Keller，2008）。因此，进口贸易自由化对企业生产率的影响尚未定论，尤其是关于进口贸易自由化对企业生产率影响机制研究还相对较少，还需进一步深入探讨（Holmes and Schmitz，2010）。鉴于此，本章将从企业创新的角度，实证研究进口贸易自由化对企业全要素生产率的影响与作用机制。

对于我国而言，改革开放以来，我国在积极促进对外出口的同时，也不断开放国内市场，关税水平不断降低，进口贸易量不断增加。目前，我国不仅成为世界第一大出口国，还成为世界第二大进口国，进口贸易自由化对我国经济社会发展的作用越来越大。基于此，近年来国内外也有越来越多的研究开始关注进口贸易对中国企业生产率的影响问题（Feng et al.，2016；Yu，2015；张杰等，2015；余淼杰和李晋，2015；简泽等，2014）。然而，一方面，相对于出口而言，关于进口贸易自由化与中国企业生产率的文献还相对较少，需要进一步跟进补充；另一方面，关于进口贸易自由化对中国企业生产率的影响机制问题更需要进一步研究。鉴于此，本章将基于中国工业企业数据库、WTO 关税数据库和海关贸易数据库，采用 PSM 倾向得分匹配模型、Truncreg 模型、Heckman 两阶段模型和动态面板差分 GMM 模型，从企业创新角度实证研究进口贸易自由化对中国企业生产率水平的影响与作用机制。

二、边际贡献

与已有的研究相比，本章的主要贡献如下：第一，相对于出口而言，当前对于进口贸易自由化与中国企业生产率的研究还不丰富，须进一步深化与补充，所以本章具有一定的文献补充贡献。第二，当前关于进口贸易自由化对企业生产率影响机制的研究需要进一步探讨，本章将主要从企业创新的角度进行补充研究。第三，本章不仅实证研究最终产品进口贸易自由化对中国企业创新及生产率的影响，还将从企业创新的角度，深入探讨中间产品进口贸易自由化对中国企业生产率的影响与作用机制。第四，本章还将实证研究最终产口进口贸易自由化、中间产品进口贸易自由化对国有企业、集体企业、私营企业和外资企业创新及生产率的异质性影响。

第二节　文献综述

与本章研究主题相关的文献主要有三大分支，分别是进口贸易自由化与企业生产率的相关研究、进口贸易自由化与企业创新的相关研究、企业创新与全要素生产率的相关研究。接下来，本节将对以上内容进行深入论述。

一、进口贸易自由化与企业生产率

近年来，越来越多的学者开始关注进口贸易自由化与企业生产率之间的关系，考察研究进口竞争对企业生产率的影响与作用机制。已有的研究表明，进口竞争一般通过企业间和企业内两种方式影响企业生产率（Acharya and Keller，2008）。在企业间的影响方面，进口贸易自由化可以影响国内各企业间的市场份额和利润（自我选择效应），进而影响企业创新的能力。一方面，进口竞争可以带来企业生产率正向"自我选择效应"（Melitz，2003；Melitz and Ottaviano，2008）；另一方面，由于进口企业是相对高生产率企业，与国内相对高生产率企业的产品同质化程度相对较高，进口竞争也会使得国内高生产率企业面临的国际竞争压力增加，对高生产率企业的市场份额和利润产生不利影响，进而不利于企业生产率水平提升，产生负向"自我选择效应"（Acharya and Keller，2008）。

在企业内部影响方面，在进口贸易自由化进程中，国内相关企业可以通过不断学习国外企业的先进技术来提高自身企业生产率（进口中学或技术溢出效应）。如 Broda 和 Weinstein（2006）指出，由于进口产品相比国内产品通常是新型产品，所以贸易能够促进知识和技能的传播。Broda 等（2006）采用印度企业数据研究发现，印度企业存在明显的"进口中学"效应，进口显著促进了企业生产率提升；Amiti 和 Konings（2007）采用印度尼西亚的数据研究发现，进口通过"进口中学"、提高产品多样化和产品质量等促进了企业生产率的提升。从上可知，由于进口贸易存在"自我选择"和"进口中学"两种效应，进口贸易自由化是否能够促进企业生产率水平的提升并不确定，有待进一步实证检验。为此，本章将从企业创新角度，实证研究进口贸易自由化对中国企业生产率水平的影响与作用机制。

二、进口贸易自由化与企业创新

企业创新是经济增长的核心，关于贸易自由化与企业创新之间的关系，一直是学术界关注的重点领域（Liu and Qiu，2016）。比如，Coe 等（2009）研究表明，贸易自由化通过技术溢出效应，会显著促进企业创新能力的提高，而且制度环境越好的国家，受到技术溢出效应越大。Bustos（2011）研究认为，只有规模较大的企业才有能力从事自主研发行为，贸易自由化可以促进企业出口规模和市场份额增加，进而能够促进企业创新能力的提高。Burstein 和 Melitz（2011）研究表明，随着贸易自由化进程的加快，出口企业预期能够获得更多的出口市场和多样化产品需求，进而产生更多新产品研发行为。Bloom 等（2013）研究表明，贸易自由化可以使一些国家企业研发的机会成本降低，从而促进企业加大自主研发投资。综上所述，国外著名学者已经从技术溢出、市场规模、新产品需求、研发成本等各个方面，对贸易自由化与企业创新进行了深入研究，并为进口贸易自由化与企业创新的研究提供了良好的基础。

近年来，随着进口贸易在全球各国范围的深入发展，一些学者对进口贸易自由化与企业创新进行了相关研究。Bloom 等（2016）实证研究了进口对欧洲企业研发行为的影响，发现欧洲从中国进口增加将降低企业研发成本，能够显著促进企业 R&D 投资的增加，但是从其他国家的进口贸易增加将对企业的研发行为产生不利影响。Autor 等（2016）则实证研究了从中国进口贸易的增加对美国企业研发创新的影响，发现从中国进口贸易的增加将加剧市场竞争，对美国企业的研发 R&D 支出与专利申请产生不利影响。与此同时，Liu 和 Qiu（2016）研究了中间产品进口贸易对于企业创新的影响，一方面，中间产品进口可以显著降低企业的研发成本，可以显著促进企业创新；另一方面，中间产品进口增加会显著降低国外先进技术的使用成本，会对企业创新产生不利影响，而且在实证研究中发现，中间产品进口贸易显著降低了中国企业创新。

综上所述，国内外学者已经对贸易自由化与企业创新进行了深入研究，但关于进口贸易自由化与企业创新之间关系的研究还有待进一步深化，而且还要加大对中间产品进口贸易自由化与企业创新的研究。

三、企业创新与全要素生产率

目前，国内外关于企业创新对全要素生产率影响的研究十分丰富

（Huergo and Jaumandreu，2004；Aghion et al.，2009；Hall，2011；Mohnen and Hall，2013）。国外大部分的研究也表明，企业创新对全要素生产率的提升具有重要的促进作用（Amable et al.，2016；Baumann and Kritikos，2016）。一方面，企业自主研发能力的增强，可以直接提升企业生产效率；另一方面，企业自主研发能力增强，可以降低企业生产成本，减少对劳动、资本的依赖，进而提升企业全要素生产率（Cohen and Levinthal，1990）。

与此同时，国内学者也对企业创新与中国全要素生产率进行了研究，但结论并不一致。一些研究表明，企业自主研发创新确实能够对企业生产率的提高产生显著促进作用（吴延兵，2008；周新苗和唐绍祥，2011；戴觅和余淼杰，2011）；另一些研究则表明，企业自主研发并不能显著促进中国企业全要素生产率的提升，甚至还会阻碍生产率的增长（李小平和朱钟棣，2006；李宾，2010）。

综上所述，虽然大部分研究表明，企业创新能够促进全要素生产率的提升，但关于中国方面的影响还需进一步实证检验。为此，本章将对企业创新与中国企业全要素生产率的关系进行实证检验，从而为机制分析奠定良好的基础。

第三节　计量模型与估计方法

根据本章的研究目标，本节将构建动态面板差分 GMM 模型、Truncreg 模型和 Heckman 模型，以及 PSM 倾向得分匹配模型，用来实证检验进口贸易自由化对全要素生产率的影响。

一、进口贸易自由化对全要素生产率的影响

根据余淼杰和智琨（2016）、余淼杰和李晋（2015）的相关研究，进口关税本身就是具有一定外生的解释变量，可以很大程度上避免内生性问题，为了使结果更加稳健，本章将引入差分变量，考虑滞后变量的影响，并采用动态面板差分 GMM 模型进行估计：

$$\ln tfp_{cjit} = \gamma_0 + \gamma_1 \ln tfp_{cji,t-1} + \gamma_2 \ln IMP_{cjt} + \gamma_3 X_{cjt} + \gamma_4 Z_{cjit} + \gamma_5 \zeta_{cj} + \varepsilon_{cjit} \qquad (4-1)$$

其中，$\ln tfp_{cjit}$ 为城市 c 行业 j 企业 i 在 t 年生产率的对数，$\ln IMP_{cjt}$ 为进口贸易自由化指标，X_{cjt} 为"城市—行业"层面的其他控制变量，包括出口额、赫芬达尔指数、技术复杂度等指标，Z_{cjit} 为企业层面的其他控制变量，包括企业的年龄、产值、劳动者人数、资本、利润、融资成本等变量指标，ζ_{cj} 为行业固定效应，ε_{cjit} 为随机扰动项。

二、机制检验：创新的视角

（一）进口贸易自由化与企业创新：Truncreg 模型和 Heckman 模型

为了验证进口贸易自由化对全要素生产率的影响机制，本章将首先研究进口贸易自由化对于企业创新的影响：

$$\ln RD_{cjit} = \alpha_0 + \alpha_1 \ln IMP_{cjt} + \alpha_2 X_{cjt} + \alpha_3 Z_{cjit} + \alpha_4 \zeta_{cj} + \alpha_5 \mu_t + \varepsilon_{cjit} \qquad (4-2)$$

其中，$\ln RD_{cjit}$ 为城市 c 行业 j 企业 i 在 t 年 RD 投资的对数，$\ln IMP_{cjt}$ 为进口贸易自由化指标，X_{cjt} 为"城市—行业"层面的其他控制变量，包括出口额、赫芬达尔指数、技术复杂度等指标，Z_{cjit} 为企业层面的其他控制变量，包括企业的年龄、产值、劳动者人数、资本、利润、广告密度等变量指标，ζ_{cj} 为行业固定效应，μ_t 为时间固定效应，ε_{cjit} 为随机扰动项。

在估计方法的选取上，在匹配后的 872747 个总体样本中，企业 R&D 投资共有 251705 个样本为缺失值，509534 个样本为 0，数据呈现断尾回归的特

点。当一个随机变量断尾后，其概率密度函数会发生变化，如果还采用普通最小二乘法（OLS）回归的话，其结果是有偏的。为此，我们将首先采用Truncreg 断尾回归模型进行估计。

与此同时，由于 R&D 投资变量存在大量缺失值，为了处理样本选择偏误问题，进一步检验 Truncreg 断尾回归的稳健性，我们还将采用 Heckman 两阶段模型进行估计：

$$\Pr\{RD>0\} = \Phi\left(\delta_1 X_{cjt} + \delta_2 Z_{cjit} + \delta_3 \zeta_{cj} + \delta_4 \mu_t + \varepsilon_{cjit}\right) \qquad (4-3)$$

$$\ln RD_{cjit} = \lambda_0 + \lambda_1 \ln IMP_{cjt} + \lambda_2 X_{cjt} + \lambda_3 Z_{cjit} + \lambda_4 \zeta_{cj} + \lambda_5 \mu_t + \lambda_6 \eta_{cjit} + \varepsilon_{cjit} \qquad (4-4)$$

其中，$\ln IMP_{cjt}$ 为进口贸易自由化指标，下文分别包括进口关税与中间产品进口关税两个变量。方程（4-3）为 Heckman 第一阶段的 Probit 研发 R&D 投资选择模型，用于考察研发 R&D 投入概率的决定，$\Phi(\bullet)$ 中为影响企业 R&D 投资的行业层面、企业层面等各个因素，与 Truncreg 断尾回归模型一致。从方程（4-3）中，我们可以得出米尔斯比率 η（Mills Ration），然后将米尔斯比率 η 代入式（4-4）的企业研发 R&D 投资决策模型，用来控制企业 R&D 投资的选择偏误。

（二）企业创新与全要素生产率：PSM 倾向得分匹配模型

如前所述，企业创新对于全要素生产率的作用是机制研究的基础。为此，我们采用"对被处理单位的平均处理效应"（Average Treatment Effect on the Treated，ATT）方法来估计企业创新对生产率的影响，进行 R&D 投资与未进行 R&D 投资的平均处理效应为：

$$ATT = =E\left(\omega_i^1 - \omega_i^0 \mid D_i = 1\right) = E\left(\omega_i^1 \mid D_i = 1\right) - E\left(\omega_i^0 \mid D_i = 1\right) \qquad (4-5)$$

其中，ω_i^1 和 ω_i^0 为 R&D 投资企业与非 R&D 投资企业的生产率水平，D_i 为处理变量，反映企业是否进行 R&D 投资，但是对照组的 $E\left(\omega_i^0 \mid D_i = 1\right)$ 是观测不到的，所以我们需要构建一个对照组，使对照组中的企业能够尽量代表实验组中企业（R&D 投资企业）如果不进行投资时的情况。为此，我们采

用 PSM 倾向得分匹配模型来构建对照组为:

$$P\ (RD=1) = \Phi\ [h\ (X_i)\ ] \tag{4-6}$$

其中, Φ 表示正态分布的累积分布函数, X_i 为影响企业是否进行 R&D 投资的一系列影响因素, 包括企业的产值、利润、出口量、进口竞争等变量。在匹配方法的选取上, 我们将分别采用"最近邻匹配"和"核匹配"两种方法, 从而保证结论的稳健性。PSM 配对成功之后, 我们将所有企业的观测值集中到一起, 并计算实验组和对照组变量结果的平均差异。用公式表示, 我们所用的匹配估计量为:

$$\widehat{ATT} = \frac{1}{N} \sum_{i,D_i=1}\ (\omega_i - \widehat{\omega_i^0}) \tag{4-7}$$

其中, $N = \sum_i D_i$ 为处理组个体数, 而 $\sum_{i,D_i=1}$ 表示仅对处理组个体进行加总。

第四节　数据来源、变量选取与描述性统计

一、数据来源与处理

（一）数据来源

本章所使用的数据包括中国工业企业数据库（1998~2007 年）、中华人民共和国海关总署各企业贸易交易数据库（2002~2006 年）、WTO 关税数据库（2002~2006 年）三套高度细化的数据。

第一套数据为 1998~2007 年的中国工业企业数据库。该数据库涵盖我国所有国有企业数据和年销售额在 500 万元以上的规模以上非国有企业数据。由于 2007 年以后中国工业企业数据库存在的误差很大, 且大量数据缺失, 整

个数据库的质量较差，目前在学术界使用较少，所以本章使用的是 1998～
2007 年中国工业企业数据库（余淼杰和李晋，2015）。通过工业企业数据库，
我们可以计算企业的年龄、生产率水平、产出、利润、劳动、资本、融资成
本、广告投入等指标。

第二套数据为 2002～2006 年中华人民共和国海关总署各企业贸易交易数
据库。该数据库不仅涵盖了中国 HS8 分位编码下各个产品的贸易信息，还包
含产品所属企业的各个信息。由于 2007 年及以后的海关数据库还在整理之
中，且数据结构与 2002～2006 年的海关数据库存在较大差异，我们将使用学
术界普遍使用且相对成熟的 2002～2006 年中国海关贸易数据库。

第三套数据为 WTO 关税数据库。该数据库可以从 WTO 网站上下载整理，
考虑本章的研究目标以及三个数据库之间对接需要，我们将主要选取中国
2002～2006 年 HS6 编码下各产品的平均进口关税数据，并与相关数据库进行
匹配。

（二）数据处理与对接

第一，在对中国工业企业数据库的处理方面。首先，本章参考 Brandt 等
（2012）将企业的行业代码以 2003 年标准进行统一整理；其次，根据 Cai 和
Liu（2009）、Feenstra 等（2014）、Yu（2015）等研究方法，按照一般的会计
准则对工业企业数据库中的企业缺失值进行删除；再次，根据公认会计准则，
删除流动资产大于总资产、总固定资产大于总资产、固定资产净值大于总资
产、无识别编号、无编码等类型的观测值；最后，我们还对城市代码按照
2004 年标准进行了统一归类，并对一些缺失值，按照企业相关信息查询
补充。

第二，对中国海关贸易数据库和 WTO 关税数据库进行对接合并。由于从
WTO 直接获得的关税数据是 HS6 位码，而海关贸易数据是 HS8 位码，所以
我们在 HS6 位码层面上将关税数据合并到海关数据中。

第三，为了完成与中国工业数据库对接，本章采用 CIC 行业代码标准，将 HS 编码与 CIC 行业编码进行统一归类和对接。同时，根据对接标准，分别将中国海关数据库、中国工业企业数据库和世界银行数据库中的行业代码截取为 CIC 2 分位，城市代码截取为 4 分位，最终通过 4 分位城市代码和 CIC 2 分位的行业代码，完成对三个数据库指标变量的加权平均、整理和对接合并。

二、变量选取

（一）进口贸易自由化指标变量

在进口贸易自由化（IMP）变量的选取上，本章首先采用"城市—行业"层面的加权平均进口关税（IMT_{cjt}）进行测度，两者呈反比关系，即加权平均进口关税越高，进口贸易自由化越低。进口关税作为一国或地区的贸易保护手段，能够直接影响一国或地区的进口贸易产品种类与数量，是衡量进口贸易自由化程度的重要指标（Cunat and Guadalupe，2009）。进口关税作为贸易壁垒限制政策，一定时期内往往是外生不变的，在一定程度上也解决了反向因果导致的内生性问题。因此，本章采用"城市—行业"层面的进口值为权重，按照 4 分位城市代码和 CIC 2 分位的行业代码，对 WTO 数据库中的进口关税进行加权平均，计算得到中国"城市—行业"层面的加权平均进口关税（IMT_{cjt}）。

与此同时，为进一步分析进口贸易自由化对中国工业企业创新、生产率水平的影响，本章将在稳健性分析部分采用中间品进口关税（IIT_{cjt}）作为中间投入品进口贸易自由化程度的测度指标进行相关分析。在计算中间投入品进口关税时，本章将借鉴 Yu（2015）、田巍和余淼杰（2014）的方法，借助投入—产出表构建中国 CIC 分类 4 分位下的平均进口贸易关税：

$$IIT_{jt} = \sum_n \left(\frac{input_{nj}^{2002}}{\sum_n input_{nj}^{2002}} \right) \tau_{nt} \tag{4-8}$$

其中，$input_{nj}^{2002}$ 为行业 j 在 2002 年使用投入品 n 的总产量，τ_{nt} 则为这种投入品在 t 年的进口关税。同时，式（4-8）括号中的比重可以从 2002 年的中国投入—产出表中获得。本章借鉴 Yu 等（2014）、田巍和余淼杰（2014）的相关研究，采用 2002 年该中间产品全部使用量占所有中间产品的比重，主要是为了克服内生性问题，一方面，本章将权重固定在 2002 年，可以排除关税在不同贸易产品间造成的进口贸易额的内生变化；另一方面，还可以排除关税变化导致的权重内生变化。

在得出 CIC 行业分类下 4 分位中间产品进口贸易关税后，接着以进口值为权重，在 4 分位城市代码和 CIC 2 分位的行业代码层面上，计算出城市 c 和行业 i 的中间产品进口关税 IIT_{cit}。

（二）企业生产率水平

企业的全要素生产率（tfp_{cjit}）通过中国工业企业数据库数据，采用 LP 方法计算得到。并参照 Brandt 等（2012）的处理方法进行了价格指数平减。其中，总产出采用 4 分位的行业的产出价格指数进行折算，资本存量 K_{it} 为固定资产净值年平均余额，采用年度投资价格指数进行平减，投资 $I_{it} = K_{it} - (1-\delta)K_{it-1}$，折旧率 δ 首先根据企业本年折旧与上一年的固定资产净值相除得到企业折旧率，在剔除大于 1 和小于 0 的数值后，再进行行业平均，得到 4 分位行业的折旧率。最后，本章利用永续盘存法得到的实际资本和实际固定资产净值估算得到了企业的生产率水平（tfp_{cjit}）。

（三）技术复杂度

已有研究表明，技术提升对于企业研发行为及生产率水平具有重要影响（陆云航，2017）。根据 Hausmann 等（2007）的研究，各产业的技术复杂度计算公式为：

$$PRODY_j = \sum_{g=1}^{G} s_{gj} \cdot y_g \tag{4-9}$$

其中，y_g 是国家 g（g = 1, 2, …, G）的实际人均 GDP，$s_{gj} = RCA_{gj}/$

$\sum_g RCA_{gj}$，RCA_{gj} 为国家 g 产业 j 的 Balassa 显性比较优势指数，计算公式为 $RCA_{gj} = x_{gj} / \sum_j x_{gj}$，$x_{gj}$ 为国家 g 产业 j 的出口贸易额。本章首先采用跨国分行业数据计算各个行业 j 在各年 t 的技术复杂度，然后对 1998~2007 年每个行业的技术复杂度进行平均，最后得到式（4-9）中每个行业 j 的平均技术复杂度。

进一步，我们可以计算出 t 年城市 c 行业 j 的技术复杂度（$prody_{cjt}$）：

$$prody_{cjt} = sh_{cjt} \cdot PRODY_j \tag{4-10}$$

sh_{cjt} 表示 t 年行业 j 的总销售额占城市 c 总销售额的比重。

（四）赫芬达尔指数

研究表明，市场集中度对于企业技术研发和生产率具有重要影响。一方面，市场集中度高的行业，企业垄断地位和市场占有率较高，可以有更多资金投入研发，对企业生产率的提高具有促进作用；另一方面，市场集中度高的行业面临的竞争压力相对较小，也会降低企业主动研发、提高企业生产率和竞争力的动力，对生产率产生不利影响（余淼杰和李晋，2015）。基于此，本章采用赫芬达尔指数来测度市场集中度，赫芬达尔指数的构造为：

$$hhi_{cjt} = \sum_i (y_{cjit} / y_{cjt})^2 \tag{4-11}$$

其中 y_{cji} 表示城市 c 行业 j 中的企业 i 的总产出。

此外，根据本章研究需要，我们还选取了其他控制变量（均为对数形式），包括"城市—行业"层面的出口额（lnexp）、企业产出（lny）、劳动人数（lnl）、资本（lnk）、利润（lnprofit）、广告密度（广告支出与广告收入之比，lnadvertise）、利息（lninterest）等。各个变量的描述性统计如表 4-1 所示。

表4-1 主要变量描述性统计

变量	均值	标准差	最小值	最大值
lntfp	1.829	0.152	-1.432	2.758
lnrd	3.941	2.278	0.000	15.580
lnIMT	2.048	0.869	-9.685	4.220
lnIIT	1.206	0.586	-6.161	2.684
lnexp	13.600	2.379	0.000	20.080
lnprody	9.437	0.176	9.184	9.851
lnhhi	-2.951	1.197	-6.091	0.000
lny	9.985	1.263	-0.284	18.940
lnl	4.719	1.116	0.000	11.830
lnk	8.633	1.924	-6.557	18.740
lnprofit	6.474	1.910	0.000	16.220
lnadvertise	3.845	2.037	0.000	15.330
lninterest	5.154	1.856	0.000	13.850

第五节 估计结果与分析

一、进口贸易自由化对企业全要素生产率的影响

（一）进口贸易自由化对企业全要素生产率的总体影响

本节将采用动态面板差分 GMM 模型，实证检验进口贸易自由化对企业全要素生产率的总体影响。如表4-2中（1）～（5）列所示，总体样本及分样本估计结果显示，加权平均进口关税（IMT）与企业全要素生产率的估计系数均显著为负，说明进口贸易自由化（IMP）对企业全要素生产率具有显

著的促进作用，这表明进口贸易自由化通过促进企业创新，最终能够导致企业生产率水平的提升（见表4-4）。全体样本结果表明，随着进口关税下降1%，会使企业生产率增长0.0112%；分样本估计结果表明，随着进口关税下降1%，国有企业、集体企业、私营企业、外资企业的生产率水平分别增长0.135%、0.1%、0.0151%和0.0528%，进口贸易自由化最终对国有企业生产率水平的提升最大，而对私营企业生产率水平的提升最小。

在其他变量的影响方面，对外出口总体上能够促进企业全要素生产率水平的提升，但分样本具体结果则表明，对外出口只能显著促进外资企业生产率水平的提升。与此同时，技术复杂度的估计系数均显著为正，表明随着城市和行业技术复杂度的提升，会对提高企业生产率水平产生显著促进作用。另外，市场集中度的提高会对企业生产率水平产生显著负面影响；企业产出与生产率水平呈正向关系，而资本与劳动则与生产率呈负向关系，这验证了全要素生产率的来源和变化规律。最后，估计结果也表明，融资成本高不利于企业生产率水平的提升。

表4-2　进口贸易自由化与企业生产率（动态面板差分 GMM 模型）

变量	（1）	（2）	（3）	（4）	（5）
	lntfp	lntfp	lntfp	lntfp	lntfp
	全体样本	国有企业	集体企业	私营企业	外资企业
lntfp（-1）	0.05970 ***	-0.33100 ***	-0.23900 ***	0.09190 ***	-0.08040 ***
	(0.00885)	(0.02610)	(0.02510)	(0.01100)	(0.00968)
lnIMT	-0.01120 *	-0.13500 ***	-0.10000 ***	-0.01510 *	-0.05280 ***
	(0.00639)	(0.01330)	(0.01350)	(0.00910)	(0.02020)
lnexp	8.07E-10 ***	7.27E-10	-1.59E-09	-1.21E-09	2.51E-09 ***
	(2.58E-10)	(5.88E-10)	(1.88E-09)	(7.85E-10)	(3.19E-10)
lnprody	0.72800 ***	1.30900 ***	0.60600 ***	0.65000 ***	0.98500 ***
	(0.03240)	(0.12900)	(0.09350)	(0.04220)	(0.09570)

变量	（1） lntfp 全体样本	（2） lntfp 国有企业	（3） lntfp 集体企业	（4） lntfp 私营企业	（5） lntfp 外资企业
lnhhi	-0.02220 *** （0.00523）	-0.05550 ** （0.02370）	-0.04620 *** （0.01690）	-0.02750 *** （0.00639）	0.01920 （0.01640）
lny	0.30700 *** （0.01020）	0.36000 *** （0.03110）	0.34900 *** （0.02910）	0.27100 *** （0.01410）	0.34600 *** （0.03060）
lnk	-0.05640 *** （0.00849）	-0.05800 ** （0.02750）	0.01230 （0.02460）	-0.06050 *** （0.01200）	-0.01790 （0.02000）
lnl	-0.02640 *** （0.01190）	0.03930 （0.03890）	-0.14300 *** （0.03850）	-0.03560 *** （0.01610）	-0.05150 （0.03220）
lninterest	-0.02620 *** （0.00463）	0.00077 （0.01390）	-0.02730 * （0.01400）	-0.01580 ** （0.00656）	-0.02000 * （0.01140）
常数项	-3.33700 *** （0.31400）	-7.11800 *** （1.19300）	-0.59600 （0.93400）	-2.43300 *** （0.41700）	-5.33800 *** （0.89600）
AR（1）	-9.91000 （0.00000）	0.46000 （0.64500）	-0.49000 （0.62800）	-6.30000 （0.00000）	-1.32000 （0.18800）
AR（2）	0.81000 （0.41800）	-0.73000 （0.46600）	0.83000 （0.40900）	-0.16000 （0.87600）	-0.12000 （0.90100）
观测值	82464	8980	11475	43895	9323

（二）中间产品进口贸易自由化对企业全要素生产率的影响

接下来，本节将采用动态面板差分 GMM 模型，实证检验中间产品进口贸易自由化对企业全要素生产率的影响。如表 4-3 中（1）~（5）列所示，总体样本及分样本估计结果显示，中间产品进口关税与企业全要素生产率的估计系数均显著为正，说明中间产品进口贸易自由化对企业全要素生产率具有显著的负面影响，这表明中间产品进口贸易自由化通过减少企业创新 R&D 投资，最终能够导致企业生产率水平的下降。全体样本结果表明，随着中间产品进口关税下降 1%，会使企业生产率下降 0.043%；分样本估计结果表

明，随着进口关税下降 1%，国有企业、集体企业、私营企业、外资企业的
生产率水平分别下降 0.17%、0.0747%、0.0394% 和 0.0701%，中间产品进
口贸易自由化最终导致国有企业生产率水平下降幅度最大，而对私营企业生
产率水平的不利影响最小。最后，在其他控制变量的影响方面，其结果与前
述分析基本一致，在此不再赘述。

表 4-3　中间产品进口竞争与企业生产率（动态面板差分 GMM 模型）

变量	（1）	（2）	（3）	（4）	（5）
	lntfp	lntfp	lntfp	lntfp	lntfp
	全体样本	国有企业	集体企业	私营企业	外资企业
lntfp（-1）	0.09040 ***	-0.31600 ***	-0.23700 ***	0.12100 ***	-0.05740 ***
	(0.00903)	(0.02490)	(0.02420)	(0.01140)	(0.01060)
lniit	0.04300 ***	0.17000 ***	0.07470 ***	0.03940 ***	0.07010 **
	(0.01010)	(0.02620)	(0.02340)	(0.01290)	(0.02790)
lnexp	0.06950 ***	0.03480	-0.08530	-0.11300	0.09830 ***
	(0.02670)	(0.06890)	(0.20900)	(0.08070)	(0.01650)
lnprody	0.71100 ***	1.89700 ***	0.66800 ***	0.56600 ***	1.01900 ***
	(0.03210)	(0.14000)	(0.09100)	(0.04100)	(0.09120)
lnhhi	-0.03250 ***	-0.18200 ***	-0.04970 ***	-0.02330 ***	0.11900 ***
	(0.00497)	(0.02360)	(0.01650)	(0.00617)	(0.02240)
lny	0.32300 ***	0.34900 ***	0.37100 ***	0.27900 ***	0.35200 ***
	(0.00969)	(0.02900)	(0.02770)	(0.01340)	(0.03060)
lnk	-0.06470 ***	-0.03450	0.03000	-0.05670 ***	-0.02880
	(0.00836)	(0.02550)	(0.02220)	(0.01160)	(0.02160)
lnl	-0.05030 ***	0.02150	-0.16900 ***	-0.05200 ***	-0.07890 **
	(0.01150)	(0.03700)	(0.03850)	(0.01550)	(0.03260)
lninterest	-0.03520 ***	0.00412	-0.02960 **	-0.02580 ***	-0.02470 **
	(0.00451)	(0.01240)	(0.01340)	(0.00632)	(0.01140)
常数项	-3.39900 ***	-13.58000 ***	-1.72300 *	-1.85200 ***	-6.85800 ***
	(0.29600)	(1.31400)	(0.88500)	(0.38400)	(0.80700)

变量	(1) lntfp 全体样本	(2) lntfp 国有企业	(3) lntfp 集体企业	(4) lntfp 私营企业	(5) lntfp 外资企业
AR（1）	−10.97000 (0.00000)	0.59000 (0.55400)	−0.40000 (0.69000)	−7.13000 (0.00000)	−1.80000 (0.07100)
AR（2）	1.26000 (0.20700)	−0.64000 (0.52300)	0.86000 (0.38900)	0.05000 (0.96400)	0.49000 (0.62600)
观测值	91015	10952	12463	48641	9196

二、机制检验：进口贸易自由化与企业创新

（一）进口贸易自由化对企业创新的总体影响

本节将采用 Truncreg 模型进行了初步估计检验，然后采用 Heckman 两阶段模型，对企业自主研发投资的两阶段决定进行了细致的考察，我们还对分样本进行检验分析。

1. Truncreg 模型估计结果

表 4-4 显示了 Truncreg 模型的估计结果。（1）～（4）列的总体样本结果表明，进口关税与企业创新 R&D 投资存在高度显著的负向关系，即随着进口关税下降 1%，会使企业创新 R&D 投资增长 0.172%～0.232%，表明进口贸易自由化对企业创新具有显著的促进作用。与此同时，分样本的结果也表明，进口关税与企业创新 R&D 投资存在显著的负向关系，随着进口关税下降 1%，国有企业、集体企业、私营企业、外资企业的创新 R&D 投资分别增长 0.165%、0.147%、0.161% 和 0.242%，进口贸易自由化对外资企业创新的促进作用最大，对集体企业的 R&D 促进作用最小。

在其他控制变量的影响方面。估计结果表明，对外出口总体上能够显著促进企业创新 R&D 投资增长，也能够促进国有企业和私营企业创新投资增

长，且对私营企业的促进作用更大，但对集体企业和外资企业的促进作用并不显著。同时，赫芬达尔指数的系数显著为正，表明市场集中度越高，企业的自主研发投资越大，但分样本结果也表明，市场集中度的提高并不能够显著促进国有企业和外资企业创新投资的增加。另外，技术复杂度的提升总体上有利于企业创新投资的增加，但对集体企业的促进作用并不显著。在企业层面的其他控制变量影响方面，企业年龄的回归系数显著为正，表明成立较早的成熟企业，更倾向于增加创新投资。同时，估计结果表明，随着企业产值增加，劳动者人数增加，资本存量增加，企业的创新 R&D 投资也不断提升，表明企业规模的扩大有利于增加对创新技术的需求。另外，企业利润的估计系数也显著为正，表明随着企业利润的增长，企业更加有能力增加对创新的投资。最后，企业广告密度的估计结果显著为正，表明随着企业广告密度的增加，企业知名度提高，有利于企业无形资产增加，企业在面临市场波动时，能够降低企业的系统性经营风险，从而促进企业自主研发（王永进和张国峰，2015）。

2. Heckman 模型估计结果

如前所述，样本中有大量企业的研发支出为 0，还有很多企业的研发信息也并不完整，运用 OLS 回归方法会产生样本选择偏误。为此，本章将采用 Heckman 两阶段模型处理样本选择偏误问题。其中，第一阶段为企业决定要不要进行创新 R&D 投入，即选择方程；第二阶段为企业决定创新 R&D 投资的数量，即决策方程。

表 4-4　进口贸易自由化与企业创新（Truncreg 模型）

变量	(1) lnrd	(2) lnrd	(3) lnrd	(4) lnrd	(5) lnrd 国有	(6) lnrd 集体	(7) lnrd 私营	(8) lnrd 外资
	总体样本							
lnIMT	-0.21000*** (0.02310)	-0.23200*** (0.02460)	-0.21000*** (0.02470)	-0.17200*** (0.02540)	-0.16500*** (0.05900)	-0.14700* (0.08130)	-0.16100*** (0.03560)	-0.24200*** (0.06270)
lnexp	—	0.00098 (0.00817)	0.03520*** (0.00957)	0.02610*** (0.00965)	0.03900* (0.02260)	0.02450 (0.03200)	0.05960*** (0.01420)	0.02540 (0.02360)
lnhhi	—	—	0.12700*** (0.01860)	0.09830*** (0.01910)	0.04570 (0.04730)	0.10300* (0.06000)	0.10000*** (0.02700)	0.07190 (0.04670)
lnprody	—	—	—	0.66400*** (0.10400)	0.55300** (0.25200)	0.47000 (0.32400)	0.41100*** (0.14500)	0.92400*** (0.25700)
lnage	0.45800*** (0.04050)	0.46800*** (0.04170)	0.46300*** (0.04150)	0.45900*** (0.04150)	0.36500*** (0.08870)	0.20700* (0.12500)	0.33000*** (0.05820)	0.18500 (0.14400)
lny	0.38400*** (0.02830)	0.38100*** (0.02910)	0.34800*** (0.02940)	0.33100*** (0.02940)	0.39500*** (0.06970)	0.22200** (0.09290)	0.36000*** (0.04370)	0.35600*** (0.06740)
lnl	0.31500*** (0.02610)	0.31500*** (0.02680)	0.31800*** (0.02670)	0.33000*** (0.02670)	0.49900*** (0.06550)	0.29800*** (0.07990)	0.21300*** (0.04070)	0.26100*** (0.05880)
lnk	0.12500*** (0.01620)	0.12900*** (0.01680)	0.12700*** (0.01670)	0.13300*** (0.01670)	0.04570 (0.03940)	0.17800*** (0.04980)	0.09450*** (0.02440)	0.13800*** (0.04080)
lnprofit	0.11100*** (0.01410)	0.11200*** (0.01460)	0.11700*** (0.01450)	0.11900*** (0.01450)	0.05640* (0.03160)	0.05210 (0.04830)	0.15600*** (0.02170)	0.13700*** (0.03600)

续表

变量	(1)	(2)	(3)	(4)	(5)	(6)	(7)	(8)
	lnrd	lnrd	lnrd	lnrd	lnrd	lnrd	lnrd	lnrd
		总体样本			国有	集体	私营	外资
lnadvertise	0.13500***	0.13200***	0.13100***	0.13200***	0.09500***	0.27800***	0.19500***	0.10700***
	(0.00962)	(0.00986)	(0.00982)	(0.00980)	(0.02160)	(0.03160)	(0.01510)	(0.02020)
固定效应	Yes	Yes	Yes	Yes	Yes	Yes	Yes	Yes
常数项	-4.87100***	-4.88100***	-4.66100***	-10.93000***	-9.81800***	-7.63600**	-8.41100***	-12.62000***
	(0.19700)	(0.22500)	(0.22600)	(1.00700)	(2.44300)	(3.17000)	(1.39600)	(2.51300)
观测值	9909	9488	9488	9488	1593	949	4775	1637

表 4-5　进口贸易自由化与企业创新（Heckman 模型）

变量	(1) lnrd	(2) lnrd	(3) lnrd	(4) lnrd	(5) lnrd	(6) lnrd	(7) lnrd	(8) lnrd	(9) lnrd	(10) lnrd
	决策方程	选择方程	决策方程	选择方程	决策方程	选择方程	决策方程	选择方程	决策方程	选择方程
	总体样本		国有企业		集体企业		私营企业		外资企业	
lnIMT	-0.18500*** (0.02820)	-0.02120* (0.01280)	-0.15300** (0.06410)	0.06290 (0.03880)	-0.21700* (0.12100)	0.07080 (0.04400)	-0.16400*** (0.03700)	-0.03130* (0.01710)	-0.22900*** (0.08850)	0.01060 (0.03360)
lnexp	0.01750* (0.01060)	-0.00631 (0.00486)	0.04550* (0.02370)	0.02550* (0.01520)	0.01720 (0.03490)	0.00764 (0.01590)	0.05180*** (0.01440)	-0.01030 (0.00679)	-0.02160 (0.05200)	-0.02960** (0.01350)
lnhhi	0.12800*** (0.02180)	0.03320*** (0.00974)	0.05880 (0.04880)	0.05420 (0.03320)	0.07430 (0.07310)	0.03620 (0.03130)	0.10900*** (0.02600)	0.00225 (0.01340)	0.09590 (0.06740)	0.01740 (0.02520)
lnprody	1.12000*** (0.19100)	0.50200*** (0.05390)	0.64000** (0.31800)	0.39800** (0.17700)	-0.09840 (0.71600)	0.51500*** (0.17500)	0.39600 (0.25900)	0.49900*** (0.07280)	1.95200** (0.89900)	0.64700*** (0.14300)
lnage	0.85900*** (0.13400)	0.44000*** (0.02280)	0.39000*** (0.11500)	0.18500*** (0.06490)	-0.08900 (0.37700)	0.31300*** (0.07520)	0.35200* (0.18500)	0.42200*** (0.03100)	0.57700 (0.36400)	0.24800*** (0.08070)
lny	0.34200*** (0.03190)	0.02970* (0.01410)	0.37000* (0.07620)	-0.06390 (0.04350)	0.33700* (0.18100)	-0.12000*** (0.04670)	0.35100*** (0.04380)	0.04190* (0.02000)	0.39000*** (0.10100)	0.03560 (0.03560)
lnl	0.42700*** (0.04290)	0.11200*** (0.01310)	0.53800*** (0.11400)	0.21700*** (0.04360)	0.07190 (0.28400)	0.23200*** (0.04300)	0.20500*** (0.05380)	0.08790*** (0.01890)	0.44200*** (0.16400)	0.11400*** (0.03100)
lnk	0.14100*** (0.01790)	0.009~6 (0.00817)	0.04910 (0.04020)	0.01990 (0.02520)	0.14400* (0.06730)	0.03660 (0.02510)	0.09420*** (0.02330)	-0.00836 (0.01150)	0.13300** (0.05850)	-0.01170 (0.02150)

续表

变量	(1)	(2)	(3)	(4)	(5)	(6)	(7)	(8)	(9)	(10)
	决策方程	选择方程	决策方程	选择方程	决策方程	选择方程	决策方程	选择方程	决策方程	选择方程
	lnrd	lnrd	lnrd	lnrd	lnrd	lnrd	lnrd	lnrd	lnrd	lnrd
	总体样本		国有企业		集体企业		私营企业		外资企业	
lnprofit	0.15600***	0.03870***	0.06400	0.05650***	0.00830	0.04260*	0.16000***	0.05060***	0.21600***	0.05050***
	(0.01950)	(0.00717)	(0.04000)	(0.02030)	(0.07350)	(0.02350)	(0.03010)	(0.01020)	(0.08370)	(0.01870)
lnadvertise	0.17200***	0.04250***	0.10400***	0.03760**	0.22800***	0.05480***	0.19700***	0.07260***	0.15300***	0.02730**
	(0.01620)	(0.00513)	(0.02650)	(0.01500)	(0.06880)	(0.01720)	(0.03240)	(0.00764)	(0.04220)	(0.01130)
η	1.58800***	—	0.35600	—	-1.63200	—	0.05740	—	2.91200	—
	(0.49700)		(0.98600)		(1.92500)		(0.69300)		(2.19000)	
固定效应	Yes	Yes	Yes	Yes	Yes	Yes	Yes	Yes	Yes	Yes
常数项	-18.73000***	-7.41800***	-11.06000***	-5.58100***	1.06300	-6.90600***	-8.12700**	-7.42700***	-27.24000**	-7.81700***
	(2.83200)	(0.52100)	(4.08900)	(1.71000)	(10.23000)	(1.72000)	(3.96500)	(0.70200)	(12.10000)	(1.40100)
观测值	19075	19075	2170	2170	1850	1850	10266	10266	2920	2920

表 4-5 为 Heckman 两阶段模型的估计结果。研究表明，与 Truncreg 模型估计结果类似，总体样本及国有、集体、私营和外资企业样本均表明，进口关税与企业创新 R&D 投资存在高度显著的负向关系，说明进口贸易自由化对企业创新具有显著的促进作用。总体样本结果显示，随着进口关税下降 1%，会使企业创新 R&D 投资增长 0.185%，处于 Truncreg 模型估计结果范围之内；分样本估计结果表明，随着进口关税下降 1%，国有企业、集体企业、私营企业、外资企业的创新 R&D 投资分别增长 0.153%、0.217%、0.164% 和 0.229%，与 Truncreg 模型估计结果接近，进口贸易自由化对外资企业创新的促进作用最大，对国有企业促进作用最小。

与此同时，在其他控制变量的结果方面，结果也与 Truncreg 模型估计结果相一致。如对外出口总体上能够显著促进企业创新 R&D 投资增长，也能够促进国有企业和私营企业创新 R&D 投资增长，且对私营企业的促进作用更大，但对集体企业的促进作用并不显著。市场集中度越高，企业的自主研发投资越大；技术复杂度的提升总体上有利于企业创新投资的增加。在此，我们不再赘述。

（二）中间产品进口贸易自由化对企业创新的影响

表 4-6 显示了 Truncreg 模型的估计结果。（1）列的总体样本结果表明，中间产品进口关税与企业创新 R&D 投资存在高度显著的正向关系，即随着中间产品进口关税下降 1%，会使企业创新 R&D 投资下降 0.0999%，表明中间产品进口贸易自由化对企业创新具有显著的负面影响。与此同时，分样本的结果表明，随着中间产品进口关税下降 1%，国有企业、私营企业、外资企业的创新 R&D 投资分别下降 0.218%、0.1% 和 0.186%，但对集体企业创新 R&D 投资的影响并不显著，说明中间产品进口贸易自由化对国有企业创新带来的负面影响最大，但对集体企业的负面影响并不显著。在其他控制变量的影响方面，其结果与最终产品进口关税样本的基本一致，在此不再赘述。

表 4-6　中间产品进口贸易自由化与企业创新（Truncreg 模型）

变量	（1） lnrd 全体样本	（2） lnrd 国有企业	（3） lnrd 集体企业	（4） lnrd 私营企业	（5） lnrd 外资企业
lnIIT	0.09990 ***	0.21800 ***	0.10600	0.10000 **	0.18600 *
	(0.03270)	(0.05850)	(0.09000)	(0.04620)	(0.10900)
lnexp	0.18300 ***	0.23200	0.19900	0.15800	0.20600 **
	(0.06100)	(0.17100)	(0.22300)	(0.10700)	(0.10300)
lnprody	0.85000 ***	0.71400 ***	0.58200 **	0.59600 ***	1.27900 ***
	(0.09040)	(0.19700)	(0.27200)	(0.13000)	(0.22500)
lnhhi	0.05790 ***	−0.02680	0.06740	0.03880 *	0.03760
	(0.01440)	(0.03390)	(0.04330)	(0.02070)	(0.03690)
lny	0.41900 ***	0.41100 ***	0.23500 ***	0.48100 ***	0.50000 ***
	(0.02110)	(0.04300)	(0.06550)	(0.03280)	(0.05040)
lnl	0.41600 ***	0.57600 ***	0.35600 ***	0.28300 ***	0.25200 ***
	(0.02230)	(0.04710)	(0.06720)	(0.03500)	(0.05230)
lnk	0.14300 ***	0.07470 **	0.20200 ***	0.11800 ***	0.14400 ***
	(0.01410)	(0.02970)	(0.04240)	(0.02120)	(0.03530)
lnprofit	0.13400 ***	0.08660 ***	0.25800 ***	0.20300 ***	0.11300 ***
	(0.00836)	(0.01710)	(0.02690)	(0.01320)	(0.01800)
lnadvertise	1.76400 ***	1.69800 ***	1.64900 ***	1.75600 ***	1.76400 ***
	(0.01210)	(0.02520)	(0.03570)	(0.01740)	(0.02940)
常数项	−12.13000 ***	−10.84000 ***	−8.41300 ***	−9.73200 ***	−16.44000 ***
	(0.86300)	(1.87900)	(2.61500)	(1.24300)	(2.13100)
观测值	12323	2410	1209	5952	2015

表4-7 中间产品进口贸易自由化与企业创新（Heckman模型）

变量	(1) 全体样本 决策方程 lnrd	(2) 全体样本 选择方程 lnrd	(3) 国有企业 决策方程 lnrd	(4) 国有企业 选择方程 lnrd	(5) 集体企业 决策方程 lnrd	(6) 集体企业 选择方程 lnrd	(7) 私营企业 决策方程 lnrd	(8) 私营企业 选择方程 lnrd	(9) 外资企业 决策方程 lnrd	(10) 外资企业 选择方程 lnrd
lnIIT	0.14300** (0.07140)	0.18200*** (0.01860)	0.29200** (0.14300)	0.27400*** (0.04750)	0.16400 (0.21600)	0.15200*** (0.05600)	-0.03550 (0.07810)	0.12200*** (0.02440)	0.34100 (0.28500)	0.27200*** (0.06190)
lnexp	0.01470 (0.01080)	-0.01750*** (0.00435)	0.03120 (0.01970)	0.00797 (0.01240)	0.01770 (0.03000)	-0.00683 (0.01430)	0.05800*** (0.01460)	-0.01380** (0.00610)	0.00619 (0.04800)	-0.04440*** (0.01230)
lnprody	1.20600*** (0.19400)	0.53300*** (0.04840)	0.98000*** (0.28300)	0.40600*** (0.14600)	0.79300 (0.59200)	0.45200*** (0.15800)	0.27800 (0.27400)	0.53800*** (0.06740)	1.90300*** (0.65900)	0.65200*** (0.12500)
lnhhi	0.12900*** (0.02100)	0.04390*** (0.00879)	0.07200 (0.04900)	0.07760*** (0.02760)	0.12200** (0.05580)	0.02210 (0.02850)	0.10100*** (0.02520)	0.01530 (0.01230)	0.10800** (0.04850)	0.01220 (0.02290)
lny	0.43300*** (0.02890)	0.06550*** (0.01060)	0.36800*** (0.04880)	-0.00331 (0.02880)	0.19400* (0.09020)	-0.04500 (0.03490)	0.41000*** (0.04990)	0.09200*** (0.01570)	0.54200*** (0.09470)	0.08610*** (0.02710)
lnl	0.52600*** (0.05280)	0.15600*** (0.01130)	0.70100*** (0.09190)	0.19900*** (0.03240)	0.48400* (0.26300)	0.23200*** (0.03800)	0.22100*** (0.06820)	0.13500*** (0.01690)	0.36200*** (0.11500)	0.10600*** (0.02790)
lnk	0.16300*** (0.01640)	0.02260*** (0.00704)	0.10600*** (0.03710)	0.03640* (0.01940)	0.22100*** (0.05850)	0.03500 (0.02250)	0.11600*** (0.02180)	0.00801 (0.01010)	0.15500*** (0.03970)	0.00591 (0.01840)
lnadvertise	0.16200*** (0.01550)	0.04370*** (0.00452)	0.11700*** (0.02430)	0.04130*** (0.01220)	0.27700*** (0.05710)	0.04860*** (0.01540)	0.16700*** (0.03250)	0.07230*** (0.00683)	0.13900*** (0.03500)	0.03350*** (0.01020)

续表

变量	（1）	（2）	（3）	（4）	（5）	（6）	（7）	（8）	（9）	（10）
	lnrd	lnrd	lnrd	lnrd	lnrd	lnrd	lnrd	lnrd	lnrd	lnrd
	决策方程	选择方程	决策方程	选择方程	决策方程	选择方程	决策方程	选择方程	决策方程	选择方程
	全体样本		国有企业		集体企业		私营企业		外资企业	
η	1.12500**	—	1.33700	—	0.89000	—	-0.80400	—	1.70400	—
	(0.51100)		(0.84600)		(1.82500)		(0.70400)		(1.60200)	
常数项	-17.50000***	-6.91300***	-14.97000***	-5.29300***	-11.79000	-5.64100***	-5.14900	-7.20800***	-24.99000***	-7.56600***
	(2.71400)	(0.45700)	(3.51200)	(1.38200)	(8.22200)	(1.50300)	(3.92000)	(0.63900)	(8.61900)	(1.17200)
观测值	19075	19075	2170	2170	1850	1850	10266	10266	2920	2920

与此同时，表 4-7 显示了 Heckman 模型的估计结果。研究表明，与 Truncreg 模型估计结果类似，总体样本表明，中间产品进口关税与企业创新 R&D 投资存在高度显著的正向关系，说明中间产品进口贸易自由化总体上对企业创新具有显著的负面作用。总体样本结果显示，随着中间产品进口关税下降 1%，会使企业创新 R&D 投资减少 0.143%，与 Truncreg 模型估计结果差别不大；分样本估计结果表明，随着中间产品进口关税下降，国有企业、集体企业、私营企业、外资企业的选择方程下的创新 R&D 投资可能性下降，但决策方程中，只有国有企业的负面影响是显著的。因此，研究结论与 Truncreg 模型估计结果类似，总体上看，中间产品进口贸易自由化总体上不利于企业创新 R&D 投资的增长。最后，在其他控制变量的影响方面，其结果与前述分析基本一致，在此不再赘述。

三、机制检验的稳健性分析

为保证机制检验的稳健性，本节将采用 PSM 倾向得分匹配模型，研究企业创新对全要素生产率的影响。在匹配方法的选取上，我们将分别采用"最近邻匹配"和"核匹配"两种方法。与此同时，本章不仅描述总体样本的相关结论，还将分别对国有企业、集体企业、私营企业、外资企业进行分样本的匹配与检验分析。

第一，在数据匹配的平衡性和稳定性方面。图 4-1、图 4-2 和图 4-3 显示，无论是采用"最近邻匹配"方法，还是采用"核匹配"方法，总体样本及分样本下的各变量标准化方差在匹配之后均大大缩小，表明 PSM 倾向得分匹配方法较好地降低了实验组与对照组在 R&D 投资前可观测特征的差异，匹配后的数据平衡性较好。因此，下文的 PSM 倾向得分匹配模型估计结果是无偏和稳健的。

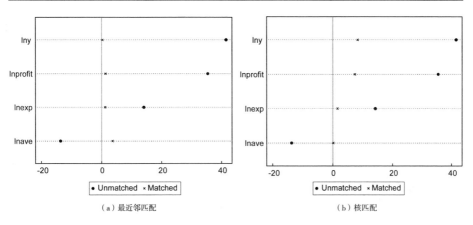

（a）最近邻匹配　　　　　　　　　　（b）核匹配

图 4-1　总体样本 PSM 匹配后变量的标准化偏差

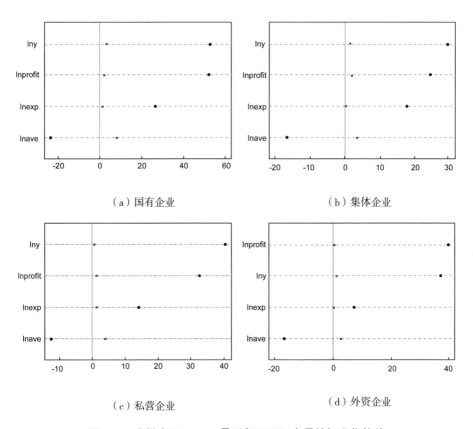

（a）国有企业　　　　　　　　　　　（b）集体企业

（c）私营企业　　　　　　　　　　　（d）外资企业

图 4-2　分样本下 PSM "最近邻匹配" 变量的标准化偏差

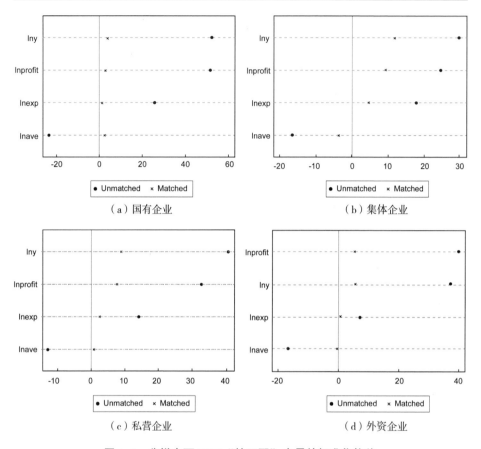

图4-3 分样本下PSM"核匹配"变量的标准化偏差

第二，我们将描述PSM倾向匹配模型的具体结果。如表4-8所示，无论是采用"最近邻匹配"方法，还是采用"核匹配"方法，总体样本及分样本估计结果均表明，企业进行创新R&D投资后，全要素生产率水平均提升。具体来看，在总体样本中，R&D投资的创新企业相比其他企业，其生产率水平约高出10.89~13.92个百分点；对于国有企业而言，R&D投资的创新企业相比其他企业，其生产率水平约高出7.39~11.01个百分点；对于集体企业而言，R&D投资的创新企业相比其他企业，其生产率水平约高出10.81~14.27个百分点；对于私营企业而言，R&D投资的创新企业相比其他企业，其生产率水平约高出 13.86~16.36 个百分点；对于外资企业而言，R&D 投资的创新企业相比其他企业，其生产率水平约高出 4~9.12 个百分点。从企业进行创新 R&D 投资后的生产率来看，私营企业创新对生产率提升的效应最大，而外资企业生产率提升的效率最低。

综上所述，企业创新对生产率提升具有显著促进作用。这进一步表明，进口贸易自由化通过创新影响企业生产率的作用机制是稳健的。

表 4-8 企业创新（R&D）对全要素生产率的影响

匹配方法	变量	总体样本	国有企业	集体企业	私营企业	外资企业
最近邻匹配	ATT	0.1089 ***	0.0739 ***	0.1081 ***	0.1386 ***	0.0400 **
	标准差	(0.0060)	(0.0271)	(0.0212)	(0.0077)	(0.0177)
	实验组企业数	80083	6740	6503	43229	11416
核匹配	ATT	0.1392 ***	0.1101 ***	0.1427 ***	0.1636 ***	0.0912 ***
	标准差	(0.0044)	(0.0199)	(0.0158)	(0.0057)	(0.0127)
	实验组企业数	80087	6742	6504	43230	11418

注：回归系数括号内为标准误；***、** 和 * 分别表示在 1%、5% 和 10% 显著性水平上显著，下同。

第六节　主要结论与政策建议

一、主要结论

本章基于中国工业企业数据库、海关贸易数据库、WTO 关税数据库等数据，从企业创新的角度，实证研究了进口贸易自由化对企业全要素生产率的影响与作用机制。一方面，进口贸易自由化能够促进企业创新，最终促进企业生产率水平的提升，而且对国有企业生产率水平的提升最大，对私营企业生产率水平的提升最小。另一方面，中间产品进口贸易自由化不利于促进企业创新，最终导致企业生产率水平的下降，而且对国有企业生产率的不利影响最大，对私营企业生产率的不利影响最小。

二、政策建议

上述研究结论也具有较强的政策性启示。第一，我国应该继续推进贸易自由化进程，尤其是积极促进进口贸易的发展，从而在推进进口贸易自由化进程中，不断提升我国企业创新与生产率水平。第二，我国要加大企业研发投入，创造有力政策环境和条件，促进企业自主研发创新能力提高，进而促进企业生产率水平的提升。第三，我们要加强对中间投入品进口贸易行业的关注与政策引导，正视中间产品进口贸易自由化对企业创新及生产率的不利影响，采取有力措施促进中间产品进口贸易行业技术改造与升级，努力提升中间产品进口贸易行业在全球生产价值链中的地位，最终提升企业创新能力和生产率水平。第四，要关注进口贸易自由化对不同类型企业创新及生产率影响的异质性，相关政策要因地制宜，对不同类型企业要出台具有针对性的支持政策。

本篇小结

企业创新是经济增长的核心，本篇主要研究了对外贸易与企业创新间的关系，分别从理论和实证两方面探究了企业创新对中国企业出口决策的影响，以及进口贸易自由化、企业创新对全要素生产率的影响，得出如下结论：

第一，创新可以降低企业出口的边际门槛成本，激励企业参与出口贸易：创新投入与创新产出都有助于提高企业出口倾向，且创新产出的激励性更强，尤其是对资本密集型企业而言，其激励效应更大。

第二，进口贸易自由化能够促进企业创新，进而提高企业生产率水平，特别是有利于国有企业生产率水平的提升，但是中间产品进口贸易自由化不利于促进企业创新，使企业生产率水平有所下降。

因此，在高质量发展新时期，一方面，中国需要积极支持企业创新类活动，依托创新形成新的竞争优势，激励企业出口，扩大出口规模，加快从贸易大国走向贸易强国；另一方面，中国需要创造有力政策环境和条件，促进企业自主研发创新能力提高，正视中间产品进口贸易自由化对企业创新及生产率的不利影响，采取有力措施促进中间产品进口贸易行业技术改造与升级。

第三篇　对外贸易与劳动力市场

开篇提要

党的十九届五中全会通过的《中共中央关于制定国民经济和社会发展第十四个五年规划和二〇三五年远景目标的建议》强调，要"健全城乡融合发展机制，推动城乡要素平等交换、双向流动，增强农业农村发展活力"。劳动力市场是要素市场最重要的组成部分，站在新的历史起点，我国要继续深化劳动力市场改革，消除劳动力等生产要素流动的制度性障碍，才能促进城乡融合发展，形成工农互促、城乡互补、全面融合、共同繁荣的新型工农城乡关系。

鉴于此，本篇重点对城乡劳动市场进行研究，考察对外贸易与劳动力市场之间的关系。本篇分为两章，包括第五章和第六章。第五章主要论述出口技术升级与城乡内部劳动者收入差距。在二元经济时代，城乡之间较大的收入差距是阻碍城乡融合发展的一大因素，而技术变革与升级为推动农业农村发展提供了新的路径，也为城乡居民收入差距的缩小提供了有力的支撑。为此，本章通过计算中国"城市—行业"层面的"出口 2025 行业上游度指数"，实证分析了出口技术升级对中国城乡内部不同技能劳动者收入差距的影响与作用机制。第六章主要论述出口技术升级与中国城乡内部劳动者社会流动。改革开放以来，由于经济发展水平的差异，大量农村劳动力向城市聚集，使城乡之间的劳动力市场处于分割状态。新一轮技术革命的到来，在助力城乡融合的过程中，必然会对劳动力市场造成冲击，引起劳动力要素在城乡之间的流动。为此，第六章对出口技术升级影响劳动者社会流动进行理论与实证研究，并将城乡内部不同技能劳动者的收入差距作为门槛变量，研究城乡内部不同技能劳动者的收入差距数值位于哪些区间内，出口技术升级能够促进社会流动。

第五章　出口技术升级与
城乡内部劳动者收入差距[①]

　　本章基于国民经济行业分类与 2018 年最新发布的美国 405 个行业投入产出表，并采用 2013 年中国工业企业数据库和中国家庭收入调查数据库（CHIP），通过计算中国"城市—行业"层面的"出口 2025 行业上游度指数"，实证分析了出口技术升级对中国城乡内部不同技能劳动者收入差距的影响与作用机制。结果表明，出口技术升级会扩大城镇内部高技能与中低技能劳动者的收入差距，会缩小农村劳动力市场内部高技能与中低技能劳动者的收入差距。在影响机制方面，随着出口技术升级，高新技术企业增加，企业对城镇内部劳动力市场中高技能劳动者的需求更大，导致城镇内部高技能与中低技能劳动者之间的收入差距扩大；然而出口技术升级使得农村内部劳动力市场中对中低技能劳动者的需求更大，导致农村内部高技能与中低技能劳动者之间的收入差距缩小。

---

　　① 本章主要内容是与朱柿颖、严伟涛合作，最早发表于《世界经济研究》，2021 年第 3 期，第 30-48 页。

第一节 引言

基于城乡内部劳动者收入差距逐渐扩大的现实背景，本节将介绍国际贸易、劳动力市场结构对劳动者收入差距的影响，进而引申出本章研究目的以及研究的边际贡献。

一、研究背景

党的十九大报告明确指出，要坚持在经济增长的同时实现居民收入同步增长、在劳动生产率提高的同时实现劳动报酬同步提高，显著缩小城乡区域发展差距和居民生活水平差距。《农村绿皮书：中国农村经济形势分析与预测（2016~2017）》《农村绿皮书：中国农村经济形势分析与预测（2018~2019）》显示，2018 年，我国城乡居民收入倍差 2.69，比上年下降 0.02，且城乡之间收入差距呈连续下降趋势；但是，我国城乡内部尤其是农村内部劳动者收入差距却有扩大现象。为此，本章将重点研究城乡内部劳动者收入差距的变化问题。与此同时，在经济全球化发展背景下，尤其是加入 WTO 后，我国对外贸易迅速发展，企业面临的国际竞争压力越来越大，对高技能劳动者的需求也越来越大（马述忠等，2016）。基于利润最大化的经营目标，为吸引高素质的劳动者，增强企业国内外竞争力，越来越多的企业不断改革薪酬体系，提高劳动者尤其是高素质劳动者的报酬，从而对劳动者的收入差距产生越来越大的影响（李坤望等，2014；Grossman and Helpman，2008；Cunat and Guadalupe，2009；Lemieux et al.，2009；Egger and Kreickemeier，2012；Wang and Zhao，2015；Autor et al.，2016）。例如，Burstein 和 Vogel

（2010）构建了一个包含异质性企业的两国—两部门模型，并通过研究发现，生产率水平高的企业对高技能劳动者的需求更大，给予的劳动报酬也更大，出口通过提高劳动生产率对企业劳动者报酬及薪酬结构产生影响。可见，对外贸易的发展对劳动者收入差距会产生重要影响。

此外，一国劳动力市场结构也显著影响着企业员工的就业、工资和激励等各个方面，进而会对劳动者收入差距产生影响（Diamond，2016；Galle et al.，2017）。例如，Caliendo 等（2015）通过建立一个动态劳动力市场搜寻匹配模型，表明劳动力市场摩擦、产品市场摩擦、当地劳动力市场状况等均会对劳动者薪酬均衡产生影响，并用美国与中国间的微观数据进行了实证研究。然而，关于国际贸易与劳动者收入差距的相关研究大多基于 H-O、S-S 等产业间模型，也大多假设劳动力市场是同质的，企业员工也是同质的，很少考虑劳动力市场的异质性问题（Egger and Kreickemeier，2009；Helpman and Itskhoki，2010；Helpman et al.，2010；Monte，2011；Amiti and Davis，2012；Acemoglu et al.，2016）。对于中国而言，在城乡二元结构下，中国存在城乡二元劳动力市场分割的情况，城乡内部的劳动者在就业、工资和激励等方面存在很强的异质性（姚先国和赖普清，2004；陈钊和陆铭，2008；蔡昉，2013；李实和万海远，2014）。鉴于此，本章将在中国二元劳动力市场背景下，实证研究出口技术升级对城乡内部劳动者收入差距的影响与作用机制。

二、主要贡献点

与已有研究相比，本章的边际贡献主要体现在以下三个方面：第一，研究主题与分析角度的创新。已有研究大多从国家总体、地区之间、产业之间以及城乡之间分析劳动者收入差距的变化影响（陈波和贺超群，2013；吴万宗和徐娟，2017），本章将在我国城乡二元劳动力市场分割背景下，深入城乡内部的劳动力市场，实证分析出口技术升级对城乡内部劳动者收入差距的差异性影响及作用机制。第二，在测度指标上的创新。现有研究大多集中于通过测量出口产品的技术复杂度、出口产品质量等角度，对出口技术的升级进行测度（余淼杰和梁中华，2014），本章则基于中国国民经济行业分类与2018年最新发布的2012年美国投入产出表，提出并计算"出口2025行业上游度指数"作为出口技术升级的指标，能够更加准确地对我国各城市各行业与"2025行业"的距离进行测度，确定我国各行业在生产链中所处的位置，更能准确反映我国出口技术升级的水平。第三，影响机制分析的创新。已有文献主要基于技术升级对高技能劳动者需求总量影响的角度进行理论分析，本章则从不同技能劳动者的供给与需求两个角度进行影响机制分析，并关注需求角度中不同技能劳动者的需求结构变化，进一步完善了研究机制。

第二节　文献综述与影响机制

在深入考察出口技术升级对城乡内部劳动者收入差距的影响之前，本节将对现有文献研究进行梳理，并在此基础上，从劳动者的需求与供给两个角度，分析出口技术升级对城乡内部劳动者收入差距的作用机制。

一、文献综述

（一）基于H-O、S-S等产业间贸易模型的影响研究

在早期的经济学研究文献中，主要基于H-O、S-S等产业间贸易模型，从一国的比较优势与分工模式来探讨国际贸易对工资差距的影响，认为贸易开放使发达国家的工资差距扩大，使发展中国家的工资差距缩小。例如，Feenstra和Hanson（1995）的研究结果表明，贸易开放拉大了美国工资差距。

Davis 和 Harrign（2011）的研究表明，国际贸易通过增加或减少不同工作职位的数量来影响劳动者的劳动报酬。此外，贸易也通过影响企业就业规模影响企业薪酬差距（Egger and Kreickemeier，2009）。Neary（2002）通过寡头竞争的一般均衡模型研究发现，贸易开放度的提高使发达国家增加对高技术工人的相对需求，这会加剧工资不平等。在对发展中国家的研究中，李坤望等（2014）采用 2007 年中国居民家庭收入调查数据（CHIP），证明随着贸易开放度的提高，中国城镇高技能劳动者与低技能劳动力之间的工资差距缩小。与此同时，有部分学者研究发现在低技能劳动力丰裕的发展中国家，贸易开放会带来工资差距扩大的现象。例如，Acemoglu（1998）发现在知识产权得不到保护的情况下，贸易开放后，发展中国家对发达国家进行技术模仿，生产偏高技术密集型产品，从而导致发展中国家的工资差距扩大。可见，随着发展中国家技术水平、人力资本水平的提高，比较优势逐步发生改变，贸易开放对不同技能劳动者的需求也发生相应变化，进而也会对发展中国家工资差距的变化产生影响。

（二）基于 Melitz（2003）模型的影响研究

当前，许多学者以 Melitz（2003）模型为基础，从生产效率、质量选择、技术选择、绩效工资、公平工资等渠道研究国际贸易对收入差距的影响（Yeaple，2005；Verhoogen，2008；Davis and Harrign，2011；Monte，2011；Burstein and Vogel，2010；Wang and Zhao，2015；Autor et al.，2016）。例如，Monte（2011）研究表明，对于管理者的薪酬而言，存在一个管理者能力的门槛值，当管理者能力低于门槛时，国际贸易会使薪酬差距下降，当高于门槛值时，国际贸易会使薪酬差距上升；Davis 和 Harrign（2011）通过将 Melitz（2003）、Shapiro 和 Stiglitz（1984）模型结合研究发现，由于不同的工作会导致劳动者报酬不同，贸易能够通过增加或减少"好工作"职位的数量，影响劳动者效率工资水平，导致劳动者报酬变动；Egger 和 Kreickemeier（2009）认为，劳动者的"公平工资"取决于企业的生产率，贸易通过影响企业就业规模影响企业薪酬差距；Yeaple（2005）以劳动者异质性解释了企业间的异质性，那些使用高技能劳动者的企业会采用更先进的技术生产，生产率水平更高，并支付更高的劳动报酬；Bloom 和 Reenen（2007）研究发现，出口企业生产率越高、规模越大，越倾向于采用绩效工资，支付更高劳动报酬，企业内的工资差距也越大。

（三）关于中国方面的研究

改革开放以来我国的进出口贸易量快速增长，同时作为世界上最大的发展中国家，关于我国贸易开放与工资差距的研究也逐渐增多。例如，翁杰（2008）利用浙江省2004年的经济普查数据，认为产业管制政策和外商直接投资有导致工资差异进一步扩大的可能性。Xu 和 Li（2008）运用中国1998~2000年1500家企业数据来研究贸易开放对中国工资差距的影响，发现贸易开放带动技能偏向型技术进步，增加对技术工人的相对需求，拉大了技术与非技术工人的工资差距。一些学者还研究了中间品贸易的影响。例如，喻美辞和熊启泉（2012）利用1997~2009年中国制造业28个行业的面板数据进行实证检验，发现中间产品进口带来的技术溢出效应，是影响我国高技能劳动者与低技能劳动者之间工资差距的重要因素。单希彦（2014）的研究也发现，中间产品进口贸易显著扩大了我国熟练劳动力与非熟练劳动力的工资差距。

二、影响机制分析

从理论上对出口技术升级与不同技能劳动者收入差距的关系进行研究，认为出口技术升级会通过不同的途径对劳动力市场中的高技能劳动者与中低技能劳动者的供需产生影响，从而会进一步影响高技能劳动者与中低技能劳动者之间的收入差距。

第一，从对高技能劳动者的需求角度进行分析。全球化贸易的技能偏向性提高了各国尤其是工业化国家，对技术性劳动者相对于非技术性劳动者的需求

（Hennighausen，2014），Asteriou 等（2014）认为在当前各国信息和通信技术使用范围逐渐扩大的情况下，企业对劳动者的需求从一开始的低技能劳动者演变为知识型的高技能劳动者。同时企业中各种智能系统和高端数字化仪器的操作与维护，也提升了各行业对高技能劳动者的需求（Xu and Li，2008）。此外，当从事出口贸易的企业使用的技术发生变革后，更倾向于使用资本来代替劳动力，在这一情况下，诸如生产、运输等低技能劳动者的工作被越来越廉价的工业自动化替代，因而各行业对中低技能劳动者的需求逐渐降低（Berger and Frey，2016）。因此出口技术升级会使得运用新兴生产技术的企业提高对高技能劳动者的需求，降低对中低技能劳动者的需求，进而导致非技术工人的实际工资下降，技术工的实际工资上升，从而扩大城镇高技能与中低技能劳动者的收入差距。但是对农村劳动者来说，随着出口技术升级，数量众多的不需要技术或者需要使用低技能的工厂均从城镇向农村进行转移，这会提高这类工厂对农村中低技能劳动者的需求，从而在一定程度上提高农村中低劳动者的收入水平，缩小其与高技能劳动者的收入差距（Schluter and Lee，2002）。与此同时，由于农村高技能劳动者在农村劳动力市场中占比较小，同时其技能水平也不能完全满足高新技术企业对高技能劳动者的要求，因而出口技术升级通过增加高新技术企业的数量，进而提升对农村高技能劳动者的需求，所引发的对高技能劳动者收入水平的影响并不显著。

第二，从高技能劳动者的供给方面进行分析。出口技术的升级使得相关企业使用的生产技术水平有所提高，这会相应地提高对高技能劳动者技能水平的要求，而原有的高技能劳动者需要通过不断的学习才能掌握相应的技术，提高自身的技能（李磊等，2010）。这会在一定程度上降低城镇劳动力市场中高技能劳动者的供应，进一步提高高技能劳动者的收入水平。在农村，由于农村劳动力的供应较为充足，而劳动者的总体技能水平较低，不同技能劳动者间的收入差距并不能显著地体现出来（Chan，2010）。在此基础上，出口技术升级提高对农村高技能劳动者的技能要求，农村劳动力市场中能够提供符合要求的高技能劳动的劳动者占比不断下降，而农村高技能劳动者由于二元分割结构也很难在短期内接受高质量的技能培训以提升自身的技能水平。由于占比较少的农村高技能劳动者收入水平得到提高，可以认为农村高技能与中低技能劳动者之间的收入差距并未呈现出显著的扩大趋势。

对城镇与农村不同技能劳动者的供给和需求的分析如图 5-1 所示，本章认为，在城镇地区，出口技术升级会通过高新技术企业数量的增加而提高对高技能劳动者的需求，降低对中低技能劳动者的需求，扩大城镇高技能与中低技能劳动者之间的收入差距。同时，城镇内部劳动力市场中高技能劳动者供应量的缩小会进一步扩大城镇不同技能劳动者的收入差距。在农村地区，与出口技术升级通过降低农村高技能劳动者的供应，而对高技能劳动者收入水平产生正面影响相比，其通过提高对中低技能劳动者的需求进而对中低技能劳动者收入水平的影响更为显著。因而出口技术升级会通过进一步增加对中低技能劳动者的需求来提高中低技能劳动者的水平，进而缩小农村高技能与中低技能劳动者之间的收入差距。

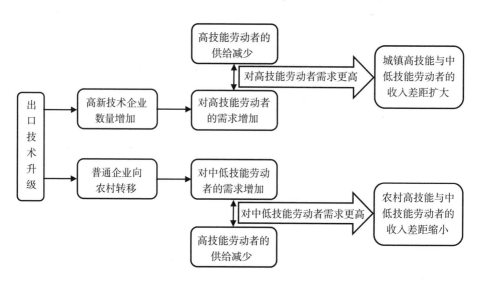

图 5-1　出口技术升级对城乡高技能与中低技能劳动者间收入差距的影响机制

第三节　计量模型、指标选取和数据来源

上文分析表明，出口技术升级将从劳动者的需求与供给两个角度，对城镇与农村内部高技能与中低技能劳动者收入差距产生影响。接下来，本节将构建计量模型，选取相关指标，处理相关数据，为后续实证检验做准备。

一、基准模型构建

本章建立以下方程实证检验各行业的贸易升级对不同技能劳动者的相对收入差距的影响。

$$wage_{cip} = \alpha + \beta exp\_tech\_2025_{ci} + \gamma X_c + \lambda Z_p + \eta_i + \varepsilon_{cip} \qquad (5-1)$$

其中，下标 c 表示城市，i 表示不同的行业，p 表示劳动者个体；$wage_{cip}$ 表示城乡内部高技能劳动者与低技能劳动者间的相对收入差距；$exp\_tech\_2025_{ci}$ 表示城市 c 行业 i 的出口 2025 行业上游度指数，β 为我国城市各行业的出口贸易升级对不同技能劳动者收入差距的影响；X_c 为城市 c 层面的其他控制变量；Z_p 为劳动者个体层面的控制变量；η_i 为行业固定效应；ε_{icp} 为随机误差项。

二、贸易升级的指标选取

当前我国的贸易处于技术升级的重要阶段，对贸易升级的测度也存在不同的方法，如 Kee 和 Tang（2015）从一国出口的国内增加值角度来计算我国出口贸易的升级，以表明在全球价值链中地位的攀升；Lu 和 Fu（2018）通过对技术复杂度的计算来测度中国服务贸易中出口的技术升级。本章借鉴

Antras 等（2012）计算行业上游度的方法来对出口技术升级进行测度。

本章采用的是美国经济分析局 2018 年最新发布的 2012 年美国投入产出表，表中覆盖了 21 个大部门行业，并且将这些行业细分为 405 个行业。本章参考已有文献对贸易上游度的度量方法，将美国 2012 年的投入产出数据作为我国在制造业发展相关政策实施后出口技术有所升级的行业的投入产出数据，从而计算出我国各行业与 2025 行业的差距，即 2025 行业上游度；然后，在我国 2025 行业上游度指标的基础上，根据中国城市与行业层面的出口数据，计算出我国的出口 2025 行业上游度，即对我国出口技术水平的测度。

（一）中美行业对应

将中国国民经济行业分类和 2012 年美国投入产出表中的行业进行对应，中国制造业提出技术升级的行业包括 13 类，并且被细分为 90 个 6 分位行业。本章将中国制造业中的 90 个行业，与美国 2012 年投入产出表中 405 个行业进行对应，由于我国与美国对行业的划分范围存在差异，中国制造业与美国 2012 年投入产出表中的行业划分方式存在不同，各 6 分位行业代码所覆盖的范围不同。如 2025 行业中的高效节能通用设备制造对应于美国空调、制冷、暖风供暖设备制造行业，动力锅炉与换热器制造行业，泵和泵设备制造行业，以及空气和气体压缩机制造行业。因而通过对应，最终在 2012 年的美国投入产出表中一一筛选出技术水平高的 2025 行业。

（二）计算美国各行业的"2025 上游度"

借鉴 Antras 等（2012）的研究，通过计算一个国家各个行业的上游度来衡量一国各行业所处的生产线位置的方法，本章使用通过中美行业对应出的代表产业技术有所升级的 2025 行业，根据 2012 年美国投入产出系数，结合下述公式，计算出美国投入产出表中 405 个行业与代表技术升级的 2025 行业之间的距离，即各个行业的"2025 上游度"（U_i^{2025}）：

$$U_i^{2025} = 1 \cdot \frac{X_i^{2025}}{Y_i} + 2 \cdot \sum_{j=1}^{N} d_{ij} \frac{X_j^{2025}}{Y_i} + 3 \cdot \sum_{j=1}^{N} \sum_{k=1}^{N} d_{ij} d_{jk} \frac{X_k^{2025}}{Y_i} +$$

$$4 \cdot \sum_{j=1}^{N} \sum_{k=1}^{N} \sum_{l=1}^{N} d_{ij} d_{jk} d_{kl} \frac{X_l^{2025}}{Y_i} + \cdots = [I-D]^{-2} X^{2025} \tag{5-2}$$

其中，X_i^{2025} 表示用于中国制造业行业的投入，d_{ij} 为投入产出系数，表示行业 i 的产出中用于部门 j 的产出占行业 i 产出的比重，其中 $D = \{d_{ij}\}_{N \times N}$。

（三）计算中国"城市—行业"层面的"2025 上游度"

根据我国最新的 2011 版中国国民经济行业分类的行业解释，把已经计算出 2025 上游度的美国投入产出表中的 405 个行业，对应到 2011 版中国国民经济行业分类 4 分位行业下，使得 1095 个中国国民经济的 4 分位行业均存在与技术升级的 2025 行业距离测度指标。我国 2011 年发布的国民经济行业分类中各行业的名称与覆盖范围均与美国 2012 年投入产出表中的行业不同，因而存在美国一行业与中国国民经济行业分类中多个行业相对应的情况，本章通过对中美各个行业的详细说明，自行划分各个行业所覆盖的内容，并将两者所含的内容进行细致的比较，以确定中美之间各行业尽可能准确地进行对应。例如，2011 版中国国民经济行业分类中的稻谷种植行业（0111）、小麦种植行业（0112）、玉米种植行业（0113）、其他谷物种植行业（0119）这 4 个 4 分位行业均对应于美国的粮食作物行业（1111B0），将行业代码为 1111B0 的粮食作物行业所对应的 2025 上游度放入以上 4 个中国 4 分位行业当中，作为这四者的 2025 上游度，即中国 4 个 4 分位行业与 2025 行业的距离。将中国国民经济 1095 个 4 分位行业均对应到 2025 上游度后，依据行业的代码分类，对 4 分位行业的 2025 上游度进行加权平均，所计算出的 2025 上游度为 433 个 3 分位行业的上游度。以此类推，最后能够计算出 2011 版中国国民经济行业分类的 20 个一级行业代码，本章将此代码所对应的 2025 上游度作为技术升级的指标，所表示的是一行业与 2025 行业的距离，值越小表明这一行业越靠近 2025 行业，这一行业的技术水平越高。

（四）计算中国各城市不同行业出口的"2025行业上游度"

本章使用2013年中国工业企业数据库，这一数据库中包含企业层面的2013年工业总产值、工业销售产值、从业人员数、存货等企业的详细信息，本章选取企业的出口值（千元）与总产值（千元）两个指标。依据以下的公式，结合数据库中企业当年的出口（千元）及总产值（千元）数据进行计算，将出口以及总产值的数据在城市—行业层面进行分类，并分别计算出城市—行业层面所有企业的出口总值以及总产值之和，将两者的比值作为每个城市各个行业的出口权重，并且在此基础上与所计算出的各行业2025行业上游度相乘，从而得到2013年城市与行业内部出口的2025行业上游度，进而通过这一指标对不同城市不同行业的出口技术升级进行度量：

$$X_{ci}^{2025} = \frac{X_{ci}}{Y_{ci}} U_i^{2025} \tag{5-3}$$

其中，X_{ci}为2013年城市c行业i的出口，Y_{ci}为当年城市c行业i的总产出。

根据上述对出口2025行业上游度进行的计算，对出口2025行业上游度这一指标进行分析。由于2025行业上游度代表的是生产线上一行业与2025高技术行业的距离，若是2025行业上游度的值越小，表明这一行业与2025高技术行业之间的距离越短，此行业越靠近2025行业。考虑下文对出口技术升级的实证分析，为了便于分析，本章对2025行业上游度指数取倒数，倒数值越大表明这一行业在生产线中的位置距离2025行业越近，行业的技术水平越高。再乘上所计算出的出口权重，得到的出口2025行业上游度，其数值越高代表这一行业的出口技术水平越高。

三、其他指标的选取以及测度

在不同技能劳动者的薪酬结构（$wage_{cip}$）指标方面，本章参考Kalleberg

（2003）中所提出的观点，即职业差异是判断劳动者技能差异的合理指标，将从事科技活动的人员划分为高技能劳动者，而本章则将信息传输、软件和信息技术服务业、金融业、科学研究和技术服务业以及教育行业的从业人员划分为高技能劳动者，其他类似采矿业、批发和零售业等行业的从业人员均被划分为中低技能劳动者。本章从城市—行业层面将劳动者个体的收入按照高技能与中低技能两类分别进行加权平均，最后对两类劳动者收入的加权平均值求比值，得到高技能与中低技能劳动者之间的收入差距。

在控制变量方面，本章在城市层面和个体层面均添加相关的控制变量。其中，城市控制变量（X_c）包括一城市的人口数量的对数（lnpop）、城市的人均 GDP 的对数（lnpgdp）、一城市地方政府的财政支出的对数（lngexp）；另外第三产业占 GDP 的比值（thirdingdp）也纳入城市层面的控制变量中。个人控制变量（Z_p）包括劳动者的性别（gender）；劳动者个体的婚姻状况（marriage），本章依据劳动者是否存在婚姻关系进行划分，由于存在婚姻关系的劳动者其重心大概率偏移职业技能的提升，因而存在婚姻关系与不存在婚姻关系的劳动者在职业技能以及所获得的收入方面存在很大的差异；劳动者个体的受教育程度（edu），本章将取得本科及以上学历的劳动者划分为拥有相对高学历的劳动者，将拥有本科以下学历的劳动者划分为中低学历的劳动者，劳动者受教育水平的差异能够对劳动者的相关职业技能的提升产生较为重要的影响；劳动者个体拥有最低生活保障的情况（binsurance）；劳动者获取工作的渠道（channel）；劳动者个体是否与工作单位签订劳务合同（contract）；劳动者个体所在工作单位的企业性质（enterprise）。

各个变量的指标含义及测度如表5-1所示。

表 5-1　主要变量的指标含义及测度

指标	含义及测度
gender	1 为男性，0 为女性
marriage	1 为存在婚姻关系，0 为不存在婚姻关系
edu	1 为相对高学历，0 为相对中低学历
binsurance	1 为有最低生活保障，0 为没有最低生活保障
channel	1 为自己找的工作，0 为通过其他渠道找的工作
contract	1 为有合同，0 为没有合同
enterprise	1 为国有企业，0 为非国有企业

四、内生性问题

在对计量模型进行基准回归的过程中，会存在解释变量与被解释变量之间的反向因果关系，解释变量与误差项可能存在相关性，以及存在遗漏重要的解释变量的可能性等情况，而上述三种情况均会导致估计结果有偏。

本章为了控制内生性问题，选取工具变量（IV），并对模型进行相关的工具变量估计，本章基于以下三个方面选取工具变量：一是与出口技术升级这一核心解释变量相关，同时与劳动者的收入相独立；二是选择历史方面的变量；三是可以选择 2013 年出口技术升级的滞后项（Zhu et al.，2017）。因而本章参照上述三个标准，选取全国各城市到海岸线的直线距离（km）（盛斌和毛其淋，2011）作为一个工具变量。同时，选择历年各城市的基础设施建设变量，能够体现各城市的基础发展水平（Rose，2005），本章选取 1992 年各城市的邮电业务总量（万元）、2012 年各城市人均道路面积（m^2）、2012 年全国各城市电信业务（万元）三者作为工具变量。

五、中介效应模型构建

本章通过中介效应模型，考察出口技术升级对高技能与中低技能劳动者收入差距的影响机制。本章从对不同技能劳动者的需求，以及劳动力市场中高技能与中低技能劳动者的供给两个角度对城镇与农村内部劳动力市场分别进行分析。针对上述两个方面，本章采用高技术企业数（hightech）这一变量，并且将高技术企业数取对数（lnhightech）；另外，考虑数据的可获得性，本章选取就业人员中大学本科文化程度及以上的就业人员占比（%）（hstructure）这一指标作为劳动力市场中高技能劳动者的供应量，与此同时，为了印证大学本科文化程度及以上的劳动者数量对高技能与中低技能劳动者之间的收入差距产生的中介效应，本章还选取了劳动力市场中受教育程度为初中及以下的就业人员作为劳动力市场中低技能劳动者的供应，这将两个变量纳入中介效应模型的检验。本章借鉴 Baron 和 Kenny（1987）所提出的逐步法，建立了如下的中介效应模型：

$$wage_{cip} = \alpha_1 + \beta_1 exp\_ tech\_ 2025_{ci} + \theta_1 X_c + \lambda_1 Z_p + \omega_{ci1} \tag{5-4}$$

$$hstructure_{cip} = \alpha_2 + \beta_2 exp\_ tech\_ 2025_{ci} + \theta_2 X_c + \lambda_2 Z_p + \omega_{ci2} \tag{5-5}$$

$$lstructure_{cip} = \alpha_3 + \beta_3 exp\_ tech\_ 2025_{ci} + \theta_3 X_c + \lambda_3 Z_p + \omega_{ci3} \tag{5-6}$$

$$hightech_{cip} = \alpha_4 + \beta_4 exp\_ tech\_ 2025_{ci} + \theta_4 X_c + \lambda_4 Z_p + \omega_{ci4} \tag{5-7}$$

$$wage_{cip} = \alpha_5 + \beta_5 exp\_ tech\_ 2025_{ci} + \gamma_1 hstructure_{ci} + \theta_5 X_c + \lambda_5 Z_p + \omega_{ci5} \tag{5-8}$$

$$wage_{cip} = \alpha_6 + \beta_6 exp\_ tech\_ 2025_{ci} + \gamma_2 lstructure_{ci} + \theta_6 X_c + \lambda_6 Z_p + \omega_{ci6} \tag{5-9}$$

$$wage_{cip} = \alpha_7 + \beta_7 exp\_ tech\_ 2025_{ci} + \gamma_3 hightech_{ci} + \theta_7 X_c + \lambda_7 Z_p + \omega_{ci7} \tag{5-10}$$

六、数据来源

本章使用的数据库包括：2018 年美国发布的 2012 年按行业划分的商品直接投入产出表；2013 年规模以上工业企业数据库：由国家统计局农调总队和中国社会科学院经济研究所共同开展的 2013 年中国家庭收入项目调查（CHIP）；2013 年中国劳动经济数据库。2013 年中国家庭收入项目调查数据库提供了中国 2013 年中国城镇、外来务工以及农村各个家庭的每户中个人的收入、受教育年限、工作所在的行业与职业等劳动者个体的相关信息，本章采用数据库中中国城镇与农村样本的数据，数据包含北京、山西、辽宁、江苏、安徽、山东、河南、湖北、湖南、广东、重庆、四川、云南以及甘肃等一共 14 个省份。其中，城镇样本包含 19887 个个体样本，农村样本包含 39065 个个体样本。在剔除个体所在的行业不存在或者为负、当年度的收入不存在或者为负等数据后，将调查问卷中依据地级市代码计算所得的高技能与中低技能劳动者之间的收入差距通过城市代码与之前计算的出口 2025 行业上游度进行对应，得到了覆盖全国 58 个地级市的城镇观测样本，以及覆盖全国 75 个地级市的农村观测样本。表 5-2 中显示了城镇劳动者样本和农村劳动者样本相关变量的描述性统计。

表5-2　各个变量的描述性统计

变量	城镇					农村				
	观测值	平均值	标准差	最小值	最大值	观测值	平均值	标准差	最小值	最大值
wage	1256	1.5410	0.6860	0.0200	4.1350	3297	1.7950	3.6800	0.0780	31.5300
export_tech_2025	1256	0.1200	0.1090	8.63E-05	0.4710	3297	0.0907	0.0833	0.0003	0.3920
industry	1256	2.9680	0.3130	2	4	3297	2.9840	0.1400	2	4
lnpop	1256	6.4360	0.8170	4.1770	7.6190	3297	6.2450	0.6500	4.1770	7.6190
lnpgdp	1256	11.0600	0.5200	9.5340	11.8300	3297	10.6500	0.6120	9.5200	11.9600
lngexp	1256	5.9970	1.3910	2.3060	8.1250	3297	5.4520	1.1350	2.3060	8.1250
thirdingdp	1256	0.4410	0.1370	0.0157	0.8170	3297	0.3690	0.1240	0.0500	0.8170
gender	1256	0.6130	0.4870	0	1	3297	0.5490	0.4980	0	1
marriage	1256	0.1110	0.3140	0	1	3297	0.2300	0.4210	0	1
edu	1256	0.1200	0.3250	0	1	3297	0.0188	0.1360	0	1
binsurance	1256	0.0422	0.2010	0	1	3297	0.0152	0.1220	0	1
channel	1256	0.1820	0.3860	0	1	3297	0.4730	0.4990	0	1
contract	1256	0.8220	0.3830	0	1	3297	0.4640	0.4990	0	1
enterprise	1256	0.4000	0.4900	0	1	3297	0.0795	0.2710	0	1

此外，全国各城市到海岸线的直线距离这一工具变量的数据来源于地图，其他的工具变量，以及控制变量的数据主要来源于历年的《中国城市统计年鉴》。

第四节　估计结果及分析

本节将基于第三节所构建的计量模型和变量，对回归结果进行细致分析。首先，分析基准回归结果，即出口技术升级对高技能与中低技能劳动者的收入差距在城镇与农村的差异影响；其次，为控制模型中的内生性问题，进一步采用工具变量法，对基准结果再检验；最后，根据第二节的理论机制分析以及第三节的中介效应检验模型，检验出口技术升级是否从劳动者的需求与供给两个层面对城乡内部劳动者的收入差距产生了影响。

一、基准模型回归结果分析

表 5-3 通过不同的组合方式展示了计量模型的估计结果。本章使用 OLS 估计方法来考察出口技术升级对城乡内部高技能与中低技能收入差距的影响。如表 5-3 所示，出口技术升级对高技能与中低技能劳动者的收入差距在城镇与农村的背景下存在较大的差异。

（一）城镇样本下的基准回归结果分析

表 5-3 中（2）列展示的是城镇样本对行业固定效应与相关变量进行控制后的回归结果，结果表明，出口技术升级对城镇内部高技能与中低技能劳动者之间的收入差距会产生显著的正向影响，即产业出口技术的升级会导致城镇高技能与中低技能劳动者之间的收入差距扩大。

在城市控制变量中，人均 GDP 的对数与第三产业占 GDP 比重的估计系数显著为负，表明城市人均 GDP 的对数和第三产业占 GDP 的比重的提高会缩小城镇高技能与中低技能劳动者之间的收入差距；然而城市人口对数对城镇高技能与中低技能劳动者之间的收入差距的负面影响并不显著。与此同时，地方财政支出对数的估计系数显著为正，这表明地方政府的财政支出越高，越会扩大城镇高技能与中低技能劳动者之间的收入差距。

在劳动者个体的控制变量方面，劳动者个体的性别，以及劳动者所在的企业是否为国有企业，这两者的估计系数均是显著为负，这可以理解为城镇男性高技能与中低技能劳动者之间的收入差距会比女性不同技能劳动者之间的收入差距小，同时，城镇国有企业中不同技能劳动者的收入差距与非国有企业高技能与中低技能劳动者之间的收入差距相比较低。然而劳动者个体婚姻状况的估计系数为负，其含义为未婚高技能劳动者相对于未婚中低技能劳动者的收入差距与已婚劳动者相比更小，但这一影响并不显著。同时，城镇劳动者的受教育年限，劳动者是否拥有最低生活保障，这两者的估计系数显著为正，这表明城镇高学历和拥有最低生活保障的高技能劳动者与中低技能劳动者之间的收入差距明显高于低学历和未有最低生活保障的不同技能劳动者之间的收入差距。另外，城镇劳动者获取工作的途径，以及与雇佣单位之间是否存在劳务合同对高技能与中低技能劳动者之间的收入差距的正面影响不显著。

（二）农村样本下的基准回归结果分析

表 5-3 中（4）列展示的是在农村样本中出口技术升级对高技能与中低技能劳动收入差距影响的估计结果，这一结果同样是对行业固定效应、城市层面以及个体层面的变量进行控制之后的结果。结果表明，出口技术升级对高技能劳动者与中低技能劳动者之间的收入差距会产生显著的负面影响，即出口技术升级会导致农村高技能与中低技能劳动者之间的收入差距缩小。

在城市层面的控制变量的影响方面，与城镇样本类似，城市人口的增加会对农村高技能与中低技能劳动者之间的收入差距产生不显著的负面影响，而同样与城镇样本下的回归结果类似，地方财政支出对数的估计系数显著为正，这表明地方财政支出越高，农村高技能与中低技能劳动者之间的收入差距越会扩大。另外，与城镇样本的估计结果存在差异的是农村人均 GDP 对数，以及第三产业占 GDP 比重变量，这两者的估计系数均显著为正，表明两者均会对农村高技能与中低技能劳动者之间的收入差距产生显著的正面影响。

在农村劳动者个体层面的控制变量方面，农村劳动者的婚姻状况对高技能与中低技能劳动者之间收入差距的影响与城镇样本类似；同时，农村劳动者的性别、受教育程度，以及劳动者所在企业是否国有等的估计系数均为负，其中只有农村劳动者的受教育年限对高技能与中低技能劳动者之间的收入差距产生显著的负面影响，可以认为接受大学及以上教育的农村劳动者中高技能与中低技能劳动者之间的收入差距，相较于接受大学以下教育的农村劳动者更小。另外，农村地区的劳动者获取这一工作的渠道对不同技能劳动者工资差距的影响结果与城镇样本下的估计结果相似，农村劳动者是否拥有最低生活保障，以及农村劳动者是否与用人单位签订劳务合同，两者的估计系数均为正，而劳动者是否与企业签订劳务合同对高技能与中低技能劳动者之间的收入差距的影响显著为正，表明与企业签订了劳务合同的农村不同技能劳动者的收入差距更大。

表 5-3　基本模型估计结果

变量	(1)	(2)	(3)	(4)
	城镇	城镇	农村	农村
	wage	wage	wage	wage
export_ tech_ 2025	0.696 ***	0.579 ***	−1.668 *	−2.096 **
	(0.210)	(0.220)	(1.000)	(1.010)

续表

变量	（1） 城镇 wage	（2） 城镇 wage	（3） 农村 wage	（4） 农村 wage
lnpop	−0.065* （0.040）	−0.031 （0.040）	−0.167 （0.130）	−0.136 （0.130）
lnpgdp	−0.123** （0.050）	−0.113** （0.050）	0.477*** （0.150）	0.481*** （0.150）
lngexp	0.200*** （0.020）	0.180*** （0.030）	0.262*** （0.080）	0.258*** （0.080）
thirdingdp	−0.574*** （0.160）	−0.574*** （0.170）	2.216*** （0.620）	2.277*** （0.620）
gender	−0.075** （0.040）	−0.073* （0.040）	−0.242* （0.130）	−0.211 （0.130）
marriage	−0.090 （0.060）	−0.091 （0.060）	−0.007 （0.160）	−0.023 （0.160）
edu	0.097* （0.060）	0.104* （0.060）	−0.769 （0.470）	−0.795* （0.470）
binsurance	0.253*** （0.090）	0.276*** （0.090）	0.293 （0.520）	0.348 （0.520）
channel	0.058 （0.050）	0.058 （0.050）	0.044 （0.130）	0.029 （0.130）
contract	0.009 （0.050）	0.008 （0.050）	0.532*** （0.130）	0.556*** （0.130）
enterprise	−0.166*** （0.040）	−0.133*** （0.040）	−0.361 （0.240）	−0.328 （0.240）
行业固定效应	否	是	否	是
常数项	2.380*** （0.510）	2.024*** （0.530）	−4.426*** （1.570）	−5.850*** （1.680）
样本量	1256	1256	3297	3297
R^2	0.146	0.153	0.036	0.038

注：***、**、*分别表示在1%、5%和10%水平上显著，下同。

二、工具变量模型的回归结果分析

在运用工具变量对出口技术升级对城镇与农村高技能相对于中低技能劳动者收入差距的关系进行分析时，使用工具变量两阶段最小二乘法（IV 2SLS）的方法进行实证检验，控制模型中的内生性问题。

将表5-3和表5-4进行对比，可以得出：①表5-4中出口技术升级对城镇地区和农村地区高技能与中低技能劳动者之间的收入差距的影响更加显著，这表明若是在计量模型中不考虑内生性问题，会在一定程度上低估出口技术升级对高技能与中低技能劳动者之间收入差距的影响。②从表5-3与表5-4中回归系数的绝对值的变动可以看出，在对内生性问题进行控制之后，农村样本中出口技术升级对高技能与中低技能劳动者之间的收入差距的影响，明显大于城镇样本中高技能与中低技能劳动者之间的收入差距受到的影响，可以认为农村高技能与中低技能劳动者之间的收入差距受到出口技术升级的影响更大。③从表5-3和表5-4可以看到，出口技术升级对城镇与农村不同技能劳动者的收入差距的影响方向不同，出口技术的升级会扩大城镇高技能与中低技能劳动者之间的收入差距，而出口技术的升级会缩小农村高技能与中低技能劳动者之间的收入差距，这在很大程度上是由于我国的二元劳动力市场分割所导致的城乡劳动者存在的技能水平差距和收入差距。

表5-4　工具变量模型估计结果

	（1）	（2）	（3）	（4）
	城镇	城镇	农村	农村
估计方法	IV2SLS	IV2SLS	IV2SLS	IV2SLS
变量	wage	wage	wage	wage
export_ tech_ 2025	3. 713 ***	3. 674 ***	−76. 770 ***	−71. 573 ***
	（0. 380）	（0. 350）	（25. 260）	（22. 390）

续表

	（1）	（2）	（3）	（4）
	城镇	城镇	农村	农村
估计方法	IV2SLS	IV2SLS	IV2SLS	IV2SLS
变量	wage	wage	wage	wage
lnpop	−0.157 ***	−0.157 ***	3.615 ***	3.303 ***
	（0.040）	（0.040）	（1.210）	（1.060）
lnpgdp	−0.506 ***	−0.507 ***	4.928 ***	4.571 ***
	（0.070）	（0.070）	（1.600）	（1.420）
lngexp	0.250 ***	0.253 ***	−1.683 **	−1.545 **
	（0.020）	（0.030）	（0.680）	（0.610）
thirdingdp	−0.665 ***	−0.668 ***	18.325 ***	17.423 ***
	（0.130）	（0.130）	（5.600）	（5.030）
gender	−0.019	−0.021	−0.677 **	−0.605 **
	（0.050）	（0.050）	（0.290）	（0.270）
marriage	0.021	0.022	0.071	0.049
	（0.060）	（0.060）	（0.260）	（0.240）
edu	0.120 *	0.117 *	0.590	0.427
	（0.060）	（0.060）	（1.160）	（1.070）
binsurance	0.373 ***	0.358 ***	0.508	0.541
	（0.110）	（0.120）	（0.970）	（0.940）
channel	0.085	0.085	0.222	0.206
	（0.060）	（0.060）	（0.260）	（0.250）
contract	−0.028	−0.026	0.765 ***	0.799 ***
	（0.070）	（0.070）	（0.260）	（0.250）
enterprise	0.020	0.012	−2.189 ***	−1.961 ***
	（0.060）	（0.060）	（0.800）	（0.720）
行业固定效应	否	是	否	是
常数项	6.510 ***	6.543 ***	−64.013 ***	−62.387 ***
	（0.780）	（0.800）	（20.550）	（19.090）
样本量	1068	1068	2705	2705
R^2	0.036	0.040	—	—

注：工具变量模型回归中通过了弱工具变量检验与工具变量外生性检验。

在城镇样本中，城镇中的人口对数（lnpop）的估计系数显著为负。劳动者的供给量是影响高中低技能劳动者收入差距的重要因素，Shayegh（2017）认为技术工人迁移到一地区降低了此地区的收入不平等，而非技术劳动者的迁移则会扩大收入差距。对这一情况可能的解释是城市人口的增加代表的是劳动者的大规模供给，在城镇劳动力市场中，由于高技能劳动者供给的增加多于中低技能劳动者的供给，这在一定程度上缓解了一城市对高技能劳动者的需求，因而城市人口数量的增加在一定程度上缩小了城镇高技能与中低技能劳动者之间的收入差距。

根据表 5-4 中的数据，城市人均 GDP 的对数（lnpgdp）对我国城镇高技能与中低技能劳动者之间的收入差距存在显著的负面影响，即城市人均 GDP 的提高会缩小城镇不同技能劳动者的收入差距。Gonzalez 等（2015）认为，国家或地区的劳动者的收入不平等与其人均 GDP 发展水平存在较为显著的相关性，人均 GDP 较高的国家或地区，劳动者之间的收入差距更低，即经济越发达的地区不同技能劳动者专业技能水平的差距越小。

地方财政支出（lngexp）的估计系数显著为正。这一结果表明地方政府的财政支出越高，当地高技能与中低技能劳动者之间的收入差距越大。地方财政支出会对劳动者的收入产生影响（Anyanwu，2016），Abdullah 等（2015）认为政府提高地方财政支出，尤其是公共教育支出后，虽然个体受到的教育机会与培训均等的可能性有所提高，但是由于存在劳动者的个人选择与其父母人力资本的差异，与高技能劳动者相比，低技能劳动者并不能从中获得更多的收益。由此可以看出，若是一城市政府提高对当地的经济活动的参与度，如通过相关政策增加对教育、科学技术的投入，提高在劳动者入职前以及就业时的培训等，能够提高接受职业培训的劳动者的相关职业技能，从而提高高技能劳动者的收入，但是有更大比例的中低技能劳动者无法接受职业培训，从而加剧高技能与中低技能劳动者之间的收入不平等问题。

在城市第三产业占 GDP 的比重（thirdingdp）方面，其估计系数显著为负。城市第三产业的占比代表了该城市产业结构的变迁，而我国各城市经济结构的转变，使以服务业为导向的第三产业占比越来越高，从而增加第三产业提供的就业机会，现阶段我国各地方第三产业的快速发展成为了吸引就业的最大动力。Bosch（2015）指出，服务业的增长在不同的国家或地区能够产生不同的影响。虽然各城市第三产业中高技术现代产业、文化行业的发展在很大程度上提高了对高技能劳动者的需求，但同时，第三产业提供的就业机会也使中低技能劳动者有更多机会投身于第三产业（He and Wu，2017）。因而，第三产业占比的提高表明劳动者的就业机会得到提升，高技能劳动者的收入也有所提升，这会使高技能与中低技能劳动者之间的收入差距缩小。

城镇劳动者受教育水平（edu）的估计系数显著为正，这表明劳动者个体的受教育水平越高，不同技能劳动者的收入差距越大。Lee 和 Wie（2015）指出，在其他所有群体的实际工资均有所下降的情况下，受教育程度最高的劳动者群体的技能溢价却有所上升。因而接受大学及以上教育的城镇劳动者，工作后更有机会进入发展快收入高的行业或公司，但是由于工作经验与年限的异质性，受到高教育水平的劳动者之间的收入差距更大。

城镇劳动者的最低生活保障（binsurance）的估计系数显著为正，因而与未拥有社会保障的劳动者相比，拥有社会保障的高技能与中低技能劳动者的收入差距更高。Currie（1999）指出，数量众多的低技能劳动者尚未被覆盖到社会各类保险与保障制度，同时认为低收入的劳动者群体会放弃相关的医疗与生活保障。本章认为，与社会相关保障不完善的劳动者相比，社会保障较为完善的部分城镇劳动者更容易接受到相关的教育与职业培训，而拥有最低生活保障的低技能劳动者不倾向于接受相关的职业培训以提升自身的技能水平，因而这会使拥有最低生活保障的劳动者拥有更高的技能，使拥有最低生活保障的高技能与中低技能劳动者之间的收入差距更大。

在农村样本中，城市层面的相关控制变量的影响与城镇样本中均不同。农村人口数量的对数（lnpop）的估计系数显著为正，即农村中人口数量的增加会扩大高技能与中低技能劳动者的收入差距。与城镇样本中的分析类似，农村劳动者数量的增加大多增加的是中低技能劳动者的数量，因而在劳动力市场中对高技能劳动者的需求没有得到缓解，这依然会扩大农村高技能与中低技能劳动者之间的收入差距。

人均 GDP 的对数（lnpgdp）对农村高技能与中低技能劳动者之间的收入差距存在显著的促进作用，即农村地区人均 GDP 越高，农村高技能与中低技能劳动者之间的收入差距越大。Vincens 和 Stafstrom（2015）认为人均 GDP 与收入不平等之间存在一种区域差异模式，即在总体经济水平有所提高时，经济发展水平较低地区的劳动者收入不平等也会增加，因而在经济总体的发展水平稍逊于城镇的农村地区，人均 GDP 的提高只反映了农村地区总体生活水平的提高，由此随着农村地区人均 GDP 的提高，当前劳动者的收入差距呈现出高技能与中低技能劳动者之间的收入差距不断扩大的现象。

地方财政支出（lngexp）的估计系数显著为负，这表明地方政府的财政支出越高，农村高技能与中低技能劳动者间的收入差距越小。发展水平较低的农村地区，地方政府的干预程度越高，越能通过各种社会方案满足低技能低收入劳动者的需求，这样能够有效缩小农村高技能与中低技能劳动者之间的收入差距（Anyanwu et al.，2016）。

在第三产业占 GDP 的比重（thirdingdp）方面，其估计系数显著为正，可以认为农村第三产业的发展会扩大不同技能劳动者的收入差距。He 和 Wu（2017）认为第三产业中大量私营企业雇佣劳动力时注重的是工人的技能及其与工作需求的匹配程度，而农村中低技能的劳动者相关技能水平尚未满足第三产业的发展，因而会扩大农村不同技能劳动者的收入差距。

在个体的控制变量方面，农村劳动者与城镇劳动者存在差异。农村劳动者的性别（gender）的估计系数显著为负，这表明在农村地区，男性高技能与中低技能劳动者之间的收入差距小于女性不同技能的劳动者。Mccall（2000）通过实证研究表明与男性劳动者相比，上过大学与未上过大学的女性劳动者其收入差距更大，可以认为农村男性劳动者接受教育的水平与范围，以及接受岗位技能培训的渠道与机会普遍高于农村女性劳动者，农村女性劳动者在接受教育与职业技能方面存在更大的差异，因而农村男性高技能与中低技能劳动者之间的收入差距小于农村女性劳动者。

农村劳动者与用人单位签署的合同性质（contract）的估计系数显著为正，表明在农村地区，已经签署劳务合同的不同技能劳动者的收入差距大于未签署劳务合同的不同技能劳动者间的收入差距。对此可能的解释是，与签署劳务合同的劳动者相比，未签署劳务合同的劳动者总体工资水平较低，同时劳动者接受技能培训的机会也较少，因而未签订劳务合同的劳动者中即使存在高技能劳动者，其收入依然位于较低的水平，同时与中低技能劳动者相比，两者间的收入差距较小（Cazes and Laiglesia，2015）。

农村劳动者所在单位是否为国有企业（enterprise）的估计系数显著为负，表明在国有企业工作的农村不同技能劳动者之间的收入差距，显著低于在非国有企业工作的劳动者。Xu 和 Li（2008）指出，低技能劳动者在非国有企业的收入明显低于国有企业，而高技能劳动者在前者的收入明显高于后者。薛欣欣（2008）也通过分析表明，由于国有企业部门呈现出工资均等化的情况，在国有企业部门工作的劳动者其工资溢价随着技能水平的提高而降低。

三、中介效应模型的回归结果分析

表5-5中展示的是城镇样本中的中介效应模型的估计结果。根据模型（1）~模型（7），可以初步认为出口技术升级会通过高技术企业对高技能劳动者的需求和劳动力市场中高技能劳动者的供给两方面，对不同技能劳动者的收入差距产生影响。

本章对以上的中介效应进行检验。有学者将检验方法分为四类，以检验

hstructure 这一中介效应变量为例，一是依次检验法，即检验自变量对因变量作用是否显著，自变量对中介变量作用是否显著，中介变量对因变量作用是否显著，以及中介变量进入导致自变量对因变量的作用消失或减小这四个方面进行逐一检验，但是容易犯第二类错误；二是检验假设 $\beta_2 = 0$ 和 $\gamma_1 = 0$，如果这两者同时被拒绝，则表明中介效应显著；三是系数乘积检验法，若是拒绝 $\beta_2 \cdot \gamma_1 = 0$ 的原假设，则表明中介效应显著；四是差异检验法，若是拒绝 $\beta_1 - \beta_5 = 0$ 的原假设，则表明中介效应显著，但是容易犯第一类错误。上述的四种中介效应模型的检验方法均存在一定的缺陷，因而本章借鉴温忠麟等（2004）中介效应检验方法以降低第一类错误与第二类错误的犯错概率。详细的中介效应检验程序如图 5-2 所示。

基于上述检验程序，本章将对中介效应的检验划分为三个步骤。第一步，对中介效应实证模型中的系数 β_1 进行检验，根据表 5-5 中的结果可以认为系数显著；第二步，依次检验中介效应实证模型中的系数 β_2 与 γ_1、β_3 与 γ_2、β_4 与 γ_3，即出口技术升级与就业人员中大学本科学历及以上就业人员的占比（%）（hstructure），未达到大学本科学历的就业人员的占比（%）（lstructure），以及高技术企业数的对数（lnhightech）的关系进行检验，如表 5-5 所示，以上系数均显著；第三步，检验中介效应实证模型中的系数 β_5、β_6、β_7，以验证加入中介效应变量后出口技术升级对高技能与中低技能劳动者间收入差距的影响，表 5-5 表明出口技术升级通过劳动力市场中高技能劳动者供给，对高技能与中低技能劳动者之间的收入差距产生影响这一中介效应显著，同时由于系数 γ_3 不显著，可以得到出口技术升级通过高技术企业数量的变化，对高技能与中低技能劳动者之间的收入差距产生影响这一完全中介效应显著的结论。

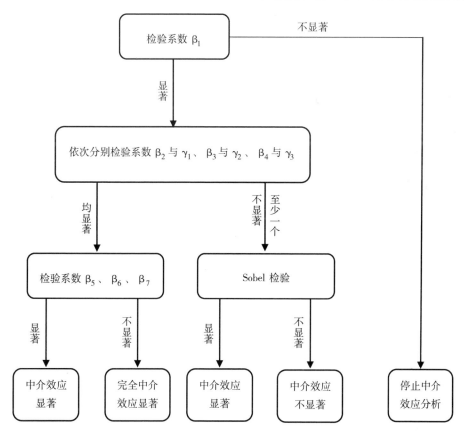

图 5-2　中介效应检验程序

根据表 5-5 可以得出一些结论：第一，根据模型（1）~模型（7）中解释变量的估计系数的显著性，可以得到影响机制 1 和影响机制 2 为部分中介效应，影响机制 3 为完全中介效应。第二，考察模型（1）、模型（2）、模型（5），模型（2）中出口技术升级对城镇劳动力市场中高技能劳动者的占比的影响显著为负，模型（5）中城镇劳动力市场中高技能劳动者占比，对城镇高技能与中低技能劳动者之间收入差距的作用显著为负，而出口技术升级的估计系数显著为正。由此可以认为出口技术升级会加大对高技能劳动者技能水平的需求，减少城镇劳动力市场中高技能劳动者的供给，这会提高高技能劳动者的收入水平，从而导致城镇高技能与中低技能劳动者之间的收入差距扩大。对劳动力市场中中低技能劳动者占比的中介效应进行分析同样能够证实这一影响机制。第三，考察模型（1）、模型（4）、模型（7），模型（4）中出口技术升级对高新技术企业数量的影响显著为正，模型（7）中高新技术企业的数量对城镇高技能与中低技能劳动者之间收入差距的作用显著为正。表明出口技术升级会通过增加高新技术企业的数量从而加大对城镇高技能劳动者的需求，这会进一步扩大城镇高技能与中低技能劳动者之间的收入差距。

表 5-6 中展示的是农村样本中的中介效应模型的估计结果。在农村样本中对中介效应的检验步骤与城镇样本中对中介效应进行的检验一致，因而根据模型（2）~模型（7），同样也可以得出出口技术升级通过农村劳动力市场中高技能劳动者供给对高技能与中低技能劳动者之间的收入差距产生影响这一中介效应显著的结论。但同时，与表 5-5 中城镇样本的中介效应模型回归结果不同的是，模型（6）~模型（7）中中介效应变量的估计系数 γ_2 与 γ_3 并不显著，因而参考图 5-2 中的中介效应检验程序，需要对两者进行 Sobel 检验。第一，对低技能劳动者供应量的中介效应进行 Sobel 检验，由回归结果可知，$\hat{a} = 14.99$，$\hat{b} = 0.0135$，$S_a = 1.881$，$S_b = 0.00933$，根据 $z = \hat{a}\hat{b} / \sqrt{\hat{a}^2 S_b^2 + \hat{b}^2 S_a^2}$，计算可得出 $z = 0.007$，$p < 0.05$，因而可以认为劳动力市场中低技能劳动者供给这一影响机制的中介效应显著。第二，对高技术企业数量对高技能劳动者需求量的中介效应进行 Sobel 检验，由回归结果可知，$\hat{a} = 2.308$，$\hat{b} = 0.0709$，$S_a = 0.181$，$S_b = 0.0947$，计算可得出 $z = 0.392$，$p > 0.05$，可以认为这一影响机制的中介效应不显著。

表 5-5　城镇样本中介效应模型回归结果

模型 变量	(1) wage	(2) hstructure	(3) lstructure	(4) lnhightech	(5) wage	(6) wage	(7) wage
export_ tech_ 2025	0.57900*** (0.22000)	-5.61900*** (1.55000)	6.53200*** (2.19000)	1.55400*** (0.29000)	0.64700*** (0.21000)	0.64000*** (0.21000)	0.28300 (0.21000)
hstructure	—	—	—	—	-0.00876** (0.00400)	—	—
lstructure	—	—	—	—	—	0.00628*** (0.00200)	—
lnhightech	—	—	—	—	—	—	0.19300*** (0.02000)
lnpop	-0.03050 (0.04000)	-4.18300*** (0.29000)	6.01200*** (0.41000)	0.32100*** (0.05000)	-0.10300** (0.04000)	-0.09420** (0.04000)	-0.10700*** (0.04000)
lnpgdp	-0.11300** (0.05000)	-3.97900*** (0.34000)	3.93100*** (0.49000)	1.06500*** (0.06000)	-0.15800*** (0.05000)	-0.13000*** (0.05000)	-0.31000*** (0.05000)
lngexp	0.18000*** (0.03000)	2.65500*** (0.18000)	-3.39900*** (0.26000)	-0.23100*** (0.03000)	0.22300*** (0.03000)	0.21000*** (0.02000)	0.21700*** (0.02000)
thirdingdp	-0.57400*** (0.17000)	44.78000*** (1.18000)	-60.18000*** (1.67000)	-1.32500*** (0.22000)	-0.17800 (0.24000)	-0.15500 (0.22000)	-0.26200 (0.16000)
gender	-0.07310* (0.04000)	0.02870 (0.27000)	-0.01490 (0.38000)	-0.10000** (0.05000)	-0.07460** (0.04000)	-0.07600** (0.04000)	-0.05260 (0.04000)

续表

模型	(1)	(2)	(3)	(4)	(5)	(6)	(7)
变量	wage	hstructure	lstructure	lnhightech	wage	wage	wage
marriage	-0.09100 (0.06000)	-1.89400*** (0.41000)	2.71300*** (0.59000)	-0.11700 (0.08000)	-0.10700* (0.06000)	-0.10900* (0.06000)	-0.07310 (0.06000)
edu	0.10400* (0.06000)	1.52000*** (0.41000)	-2.04300*** (0.57000)	0.09840 (0.08000)	0.11000* (0.06000)	0.11400** (0.06000)	0.07510 (0.05000)
binsurance	0.27600*** (0.09000)	-1.50300** (0.64000)	2.04300** (0.91000)	0.35900*** (0.12000)	0.23900*** (0.09000)	0.24000*** (0.09000)	0.18500** (0.09000)
channel	0.05770 (0.05000)	-0.12000 (0.33000)	0.00373 (0.47000)	0.08280 (0.06000)	0.05710 (0.05000)	0.06050 (0.05000)	0.03990 (0.04000)
contract	0.00805 (0.05000)	1.00100*** (0.35000)	-1.36300*** (0.50000)	-0.14500** (0.07000)	0.01770 (0.05000)	0.01800 (0.05000)	0.03690 (0.05000)
enterprise	-0.13300*** (0.04000)	0.10700 (0.30000)	-0.04570 (0.43000)	-0.52600*** (0.06000)	-0.16500*** (0.04000)	-0.16400*** (0.04000)	-0.04130 (0.04000)
是否控制行业固定效应	是	是	是	是	否	否	否
常数项	2.02400*** (0.53000)	43.47000*** (3.75000)	46.52000*** (5.31000)	-5.60700*** (0.70000)	2.75800*** (0.53000)	1.98800*** (0.52000)	3.06000*** (0.49000)
样本量	1256	1256	1256	1256	1256	1256	1256
R²	0.15300	0.63300	0.60700	0.47900	0.14900	0.15100	0.20600

表5-6 农村样本中介效应模型回归结果

模型 变量	(1) wage	(2) hstructure	(3) lstructure	(4) lnhightech	(5) wage	(6) wage	(7) wage
export_tech_2025	-2.09600** (1.01000)	-9.58100*** (0.91000)	14.99000*** (1.88000)	2.30800*** (0.18000)	-2.63000*** (1.01000)	-1.84900* (1.00200)	-1.86000* (1.02700)
hstructure	—	—	—	—	-0.10700*** (0.02000)	—	—
lstructure	—	—	—	—	—	0.01350 (0.01000)	—
lnhightech	—	—	—	—	—	—	0.07090 (0.09000)
lnpop	-0.13600 (0.13000)	-0.04200 (0.12000)	-2.99600*** (0.25000)	0.59000*** (0.02000)	-0.17600 (0.13000)	-0.12900 (0.13000)	-0.20700 (0.14000)
lnpgdp	0.48100*** (0.15000)	0.23200* (0.13000)	-4.98100*** (0.28000)	1.08300*** (0.03000)	0.50200*** (0.15000)	0.54300*** (0.15000)	0.40000** (0.18000)
lngexp	0.25800*** (0.08000)	0.52400*** (0.07000)	2.10700*** (0.16000)	-0.70000*** (0.02000)	0.31800*** (0.08000)	0.23400*** (0.09000)	0.31100*** (0.10000)
thirdingdp	2.27700*** (0.62000)	19.32000*** (0.56000)	-19.56000*** (1.17000)	0.14000 (0.11000)	4.27100*** (0.72000)	2.47700*** (0.65000)	2.21100*** (0.62000)
gender	-0.21100 (0.13000)	-0.02400 (0.12000)	-0.06600 (0.24000)	-0.07370*** (0.02000)	-0.24900* (0.13000)	-0.24200* (0.13000)	-0.23400* (0.13000)

续表

模型 变量	(1) wage	(2) hstructure	(3) lstructure	(4) lnhightech	(5) wage	(6) wage	(7) wage
marriage	-0.02320 (0.16000)	0.13100 (0.14000)	-0.48400* (0.29000)	-0.09470*** (0.03000)	0.01030 (0.15000)	0.00056 (0.16000)	-0.00112 (0.16000)
edu	-0.79500* (0.47000)	1.42800*** (0.42000)	-2.84900*** (0.88000)	0.02220 (0.08000)	-0.61200 (0.47000)	-0.72900 (0.47000)	-0.77200 (0.47000)
binsurance	0.34800 (0.52000)	0.85900* (0.46000)	-0.49900 (0.96000)	-0.09480 (0.09000)	0.37700 (0.52000)	0.29700 (0.52000)	0.30300 (0.52000)
channel	0.02880 (0.13000)	-0.14800 (0.12000)	0.32400 (0.24000)	-0.06350*** (0.02000)	0.03060 (0.13000)	0.04030 (0.13000)	0.04740 (0.13000)
contract	0.55600*** (0.13000)	0.02560 (0.12000)	-0.73400*** (0.25000)	0.07650*** (0.02000)	0.53100*** (0.13000)	0.54000*** (0.13000)	0.52800*** (0.13000)
enterprise	-0.32800 (0.24000)	0.40800* (0.22000)	-0.03280 (0.45000)	-0.29400*** (0.04000)	-0.32500 (0.24000)	-0.36200 (0.24000)	-0.33800 (0.24000)
行业固定效应	是	是	是	是	否	否	否
常数项	-5.85800*** (1.68000)	-7.07700*** (1.51000)	137.60000*** (3.14000)	-5.31900*** (0.30000)	-4.98400*** (1.56000)	-6.20500*** (1.99000)	-4.14200** (1.61000)
样本量	3297	3297	3297	3297	3297	3297	3297
R²	0.03800	0.36300	0.26700	0.62200	0.04500	0.03700	0.03700

　　根据表5-6可以得到一些结论。第一，根据模型（1）~模型（7）中解释变量的估计系数的显著性，以及上述的相关分析，可以认为出口技术升级通过降低农村劳动力市场中高技能劳动者的供给，缩小农村高技能与中低技能劳动者之间的收入差距这一中介效应显著，而出口技术升级通过增加高新技术企业的数量，来提高对农村高技能劳动者的需求的影响机制不显著。第二，考察模型（1）、模型（2）、模型（5），模型（2）中出口技术升级对农村劳动力市场中高技能劳动者占比的影响显著为负，模型（5）中农村高技能劳动者占比对高技能与中低技能劳动者之间收入差距的作用显著为负，出口技术升级的估计系数显著为负。由此可以认为虽然出口技术升级会提高对高技能劳动者技能水平的要求，使农村高技能劳动者的收入水平有所提高，但由于农村劳动者的总体技能水平较低，高技能劳动者所能提升的收入水平存在限制，同时出口技术升级会导致普通企业加大对农村中低技能劳动者的需求，进而使农村中低技能劳动者的收入水平有所提升，这会导致农村高技能与中低技能劳动者间的收入差距缩小。第三，有关出口技术升级通过增加高新技术企业的数量，来加大对农村高技能劳动者的需求的影响机制不显著的情况，可能的解释是由于农村劳动者总体的技能水平较低，尤其是农村高技能劳动者在数量与质量上均稍逊于城镇高技能劳动者，农村高技能劳动者尚不能充分满足高新技术企业的需求，会使农村高技能劳动者的工资实际上尚未得到显著的提升，因而出口技术升级不能通过高新技术企业数量的增加而加大对高技能劳动者的需求。

第五节　主要结论与政策建议

一、主要结论

本章基于中国国民经济行业分类与 2018 年最新发布的 2012 年美国投入产出表，并采用 2013 年中国工业企业数据库和中国居民家庭收入调查数据库（CHIP），通过计算中国"城市—行业"层面的"出口 2025 行业上游度指数"，实证分析了出口技术升级对中国城乡内部不同技能劳动者收入差距的影响与作用机制。

第一，整体而言，由于城乡二元分割结构，我国农村的平均经济发展水平和劳动者职业技能等方面均与城镇存在较大差距，城乡内部不同技能劳动者收入差距受到出口技术升级的影响也存在异质性。因此我国出口技术的升级会扩大城镇高技能与中低技能劳动者之间的收入差距，但是会缩小当前农村内部高技能和中低技能劳动者之间的收入差距。

第二，对城镇内部而言，出口技术升级会通过高新技术企业数量的增加而加大对高技能劳动者的需求，以及通过降低城镇劳动力市场内部高技能劳动者的供应两种影响机制，扩大城镇高技能与中低技能劳动者之间的收入差距。在农村内部，出口技术升级会通过缩小农村劳动力市场中高技能劳动者的供应，而提高农村高技能劳动者的收入水平，但同时出口技术升级会通过普通企业的转移加大对农村中低技能劳动者的需求，这会导致农村中低技能劳动者的收入受到的影响更大，进而对农村高技能与中低技能劳动者之间的收入差距产生负面效应。

第三，与城镇地区的劳动者相比，我国农村地区高技能与中低技能劳动者之间的收入差距受到出口技术升级的影响更加显著。农村地区劳动者由于受教育水平、获取工作的渠道等方面均受到限制，在收入水平、晋升、培训、社会福利保障等方面与城镇劳动者存在很大的差距，因此需要打破城乡二元分割的局面，使城乡能够统筹发展。

二、政策建议

综合上述结论，本章提出三点政策建议。

第一，对尚未进入劳动力市场的个体，应当注重培养未来从事不同职业的高技能劳动者，增加当前对教育的投入，提高人均受教育年限，注重对相关技能的教育，为劳动力市场的高技能劳动力的可持续供给打好基础，做好相关高技能劳动者的人才储备。

第二，对于已经进入劳动力市场的个体，拓宽不同技能劳动者接受培训的渠道，应当对不同技能劳动者，尤其是中低技能劳动者采取相关的岗前以及在岗培训等措施，提高劳动者的总体技能水平和中低技能劳动者的技能水平，从而提高劳动力市场中高技能劳动者的供给，这对于缩小我国高技能与中低技能劳动者之间的收入差距，以及对我国经济的高质量发展具有深远意义。

第三，与城镇劳动者相比，农村劳动者所拥有的资金、教育、医疗等资源均较为缺乏，因此更需要关注农村地区的发展，如提供更多的资金支持与人力支持，完善农村劳动者的社会保障制度，这样才能够打破城乡二元分割结构，使社会资源能够在城镇与农村之间更顺畅地流动，更加有利于城乡一体化建设。

第六章　出口技术升级与中国城乡内部劳动者社会流动[①]

本章采用美国投入产出表，参照中国国民经济行业分类，通过计算"出口2025行业上游度指数"度量出口技术升级，并将高技能与中低技能劳动者之间的收入差距作为门槛变量，实证检验出口技术升级对中国城乡内部劳动者社会流动的影响，并研究了出口技术升级能够提高劳动者社会流动可能性的最优收入差距区间。结果表明，出口技术升级会阻碍城镇劳动者的社会流动，推动农村劳动者的社会流动。当城镇不同技能劳动者的相对收入差距小于1.348或者大于1.952，农村高技能与中低技能劳动者之间的收入差距在0.935~0.959时，出口技术的升级会提高劳动者的社会流动。

第一节　引言

本节内容主要包括：一是介绍本章的研究背景，即中国劳动力的社会流动情况，以及劳动力市场结构对社会流动的影响；二是介绍本章研究的创新之处。

---

① 本章主要内容是与朱柿颖、严伟涛合作，最早发表于《中国经济问题》，2022年第2期，第181-196页。

一、研究背景

《关于促进劳动力和人才社会性流动体制机制改革的意见》中对我国劳动力的社会流动提出要求，强调通过促进劳动力和人才社会性流动体制机制改革，实现合理、公正、畅通、有序的社会性流动。《2018年国民经济和社会发展统计公报》中指出，2018年全年城镇新增就业1361万人，全国农民工比上年增长0.6%，我国劳动者的社会流动水平有所提高，但同时，我国城乡内部劳动者的社会流动呈现出不同的发展趋势，本章将重点对城乡内部劳动者的社会流动情况进行研究。另外，对劳动者的社会流动能够产生重要影响的因素——主观意愿，主要取决于社会流动的成本与收益，尤其是社会各个阶层之间的薪酬结构与收入差距（Kearney and Levine，2016；Benhabib et al.，2015；Aiyar and Ebeke，2020）。在经济全球化背景下，国际贸易对社会不同阶层间薪酬结构的影响越来越大（Acemoglu et al.，2016），这会对社会流动产生越来越重要的影响。

同时，劳动力市场结构的异质性会通过对劳动者的就业、收入水平等方面的作用影响社会流动（Caliendo et al.，2015；Autor et al.，2016；Gomez，2020；Hao，2020）。例如，Caliendo等（2015）通过建立一个空间贸易与社会流动的模型，具体研究中国的进口竞争对美国劳动力市场的影响，认为中国进口竞争会对位于不同劳动力市场、不同行业的美国劳动者产生差异性影响，这会导致劳动者差异性的社会流动。然而，已有的经济学研究主要集中于分析社会流动的总体变化趋势，较少全面地从国际贸易发展的角度对社会流动进行研究，而关于中国社会流动的系统研究更少（陈云松和范晓光，2016；颜色，2016）。在我国，虽然存在农村劳动者不断进入城镇劳动力市场的趋势，但城乡二元分割的情况依然存在，因而城镇与农村内部的劳动者在就业渠道、职业技能、收入水平等方面依然存在较大的差异（陈钊和陆铭，

2008；谢冬水，2014；李路路等，2016），这些都会进一步导致城乡内部劳动者社会流动的异质性。

鉴于此，本章将在二元劳动力市场分割的背景下，对出口技术升级影响劳动者社会流动进行理论与实证研究，并将城乡内部不同技能劳动者的收入差距作为门槛变量，考察出口技术升级对劳动者社会流动的影响，是否存在基于城乡内部不同技能劳动者收入差距的门槛特征；并基于此研究当城乡内部不同技能劳动者的收入差距数值位于哪些区间时，出口技术升级能够促进社会流动。

二、主要创新点

本章研究的创新点主要分为三个方面：第一，研究思路的创新。本章考虑我国制造业的发展态势，从出口技术升级的角度，探索劳动者社会流动成本与收益的变动，以及劳动者社会流动主观意愿受到的影响，系统研究了出口技术升级对我国城乡内部劳动者社会流动行为的具体影响。第二，研究方法的创新。纵观已有成果，相关领域的研究主要集中于线性分析，考虑我国新型城镇化与经济高质量发展对技能变动与农村发展的滞后性和渐进性作用，出口技术升级与城乡内部不同技能劳动者的收入差距可能存在非线性关系，本章建立门槛回归模型，为进一步研究在何种区间时我国当前的出口技术升级能够推动城乡地区劳动者的向上流动奠定基础。第三，测度指标的创新。本章从技术升级的新兴视角评估出口贸易的发展情况，因此为尽可能合理地对相关问题进行实证检验，尝试性地在上游度指标（Antras et al.，2012）的基础上，结合我国 2015 年提出的中国制造业发展国家行动纲领，构建"出口2025 行业上游度"指标。

第二节　文献综述与影响机制

本节将梳理与本章研究主题相关的文献，包括国际贸易与工资差距的相关研究，以及国际贸易与社会流动的相关研究。此外，本节将从城乡二元劳动力市场的角度出发，分析出口技术升级对社会流动的影响机制。

一、文献综述

（一）国际贸易与工资差距的相关研究

在研究出口技术升级对工资差距产生的影响方面，早期学者主要基于 H-O、S-S 等产业间贸易模型，从贸易参与国的比较优势及其分工模式的角度对国际贸易对工资差距的影响进行研究。例如，Acemoglu（1998）、Lee 和 Yi（2018）发现在贸易开放后，受技术模仿和产业转移因素的影响，市场对发展中国家高素质劳动力需求加大，导致发展中国家工资差距不断扩大，而外商投资的跨国企业构成了这种技术扩散的重要渠道。潘士远（2007）、Pavcnik（2017）研究认为，对外贸易会促使发展中国家引进先进技术，提高产业技术密集程度，增加高技术产业及产品数量，这会增加对熟练劳动力的需求，导致发展中国家工资差距的扩大。

现阶段，众多研究者以 Melitz（2003）模型为基础，从生产效率、质量选择、技术选择、绩效工资、公平工资等渠道研究国际贸易对收入差距的影响（Yeaple，2005；Burstein and Vogel，2010；Wang and Zhao，2015；Artuc et al.，2019；Garin and Silverio，2019）。例如，有学者从企业层面进行研究，通过企业的异质性来分析所匹配的劳动者的异质性，Wang 等（2021）引入一个工资不平等的分析框架，认为与非出口企业相比，出口企业更需要熟练工；在此基础上，贸易使更高效率的出口企业进入市场，这类企业能够生产高质量产品，并支付熟练工人更高的工资。Murakami（2021）通过构建异质性企业的贸易模型进行理论预测，表明高技能劳动者与低技能劳动者的工资不平等同样会受到贸易引发的行业技能变动的影响。Amiti 和 Davis（2012）使用1991~2000年的印度尼西亚制造业人口普查数据，建立了一个同时考虑中间品和最终品贸易的异质性企业模型，并考察了全球化对工人工资的影响。Helpman 等（2010）提出一种新的薪酬分配决定因素的研究框架，强调了产业间的重新分配和劳动力市场摩擦。模型假定工人具有不可观察的能力差异，而企业则会投入"甄别成本"以区别工人的类型，高效率的企业会投入素质更高的劳动力，从而付更高的工资，因此贸易开放加剧了工资不平等。与上述文献不同，Helpman 等（2017）对 Helpman 等（2010）的理论框架进行了拓展，并基于巴西的数据，采用结构模型方法估计了国际贸易对异质性企业工资和就业的影响，发现部门—职业内工资不平等的增长主要源自"企业间"工资分布的变化。

（二）国际贸易与社会流动的相关研究

在社会流动的相关研究方面，已有的经济学文献主要是从人力资本、收入分配、劳动力市场等方面对社会流动进行探讨分析，并研究社会流动的总体变化趋势（Goldthorpe，2014；Belsky et al.，2018；Behrman，2019；Aiyar and Ebeke，2020；Brown and James，2020；周兴和张鹏，2015）。例如，Heckman 和 Mosso（2014）通过总结相关文献研究指出，人力资本投资尤其是教育投资是影响世代交替流动的重要因素，父母对子女进行教育越早、指导更多等将会使子女一生的收益更高，更容易保持或进入社会更高阶层。Duryea 等（2019）选取2005~2006年就读于巴西一所较高质量大学学生的家庭收入和进入劳动力市场之后的个人收入对代际收入的流动性进行分析，并且从劳动者的性别和种族两个角度切入，经过研究认为男性劳动者在劳动力市场中代际收入的流动性更高，同时非洲裔巴西人的代际收入流动性更低。另外，学界的众多学者对我国的社会流动进行研究。例如，Khor 和 Pencavel（2002）采用中国家庭收入调查数据（CHIP）研究发现，中国的社会流动在1991~2002 年趋于下降。阳义南和连玉君（2015）采用 CGSS 及 CLDS 混合横截面数据研究发现，我国社会流动性在 2006~2012 年趋于上升，影响社会流动的因素，按重要性依次为教育、入党、进入体制内单位就业和创业。

从国际贸易角度研究社会流动变化的相关成果较少。已有研究大多认为国际贸易对社会流动的影响由于出口水平、经济水平的不同会产生差异性结果。Blanchard 和 Willmann（2016）通过构建贸易改变技能分化结构的模型进行理论研究，指出贸易自由化、技能需求与劳动力市场效应三者间存在显著的因果关系，贸易水平的提高能够影响人力资本在一国内部的分布。具体而言，Mion 和 Opromolla（2014）通过研究指出，虽然早期墨西哥的自由贸易只集中在部分地区，不同地区经济结构存在差异，劳动力市场较为僵化，但在贸易开放程度更高的地区，劳动者的社会流动也会有所提高。另外，Mion 和 Opromolla（2014）还通过匹配雇主—雇员的数据库和公司贸易的数据库，得到覆盖葡萄牙所有公司与职工的数据集，经过实证分析指出企业的贸易绩效能够影响职员的工资水平，从而影响劳动者在企业间的流动。

二、影响机制分析

出口技术升级会通过影响劳动者的收入差距进一步对社会流动产生作用，本章从高技能与中低技能劳动者的收入差距角度切入，具体探究出口技术升级对社会流动的影响机制。学界针对劳动者的相对收入差距对社会流动产生影响的研究主要集中于两方面：一方面，研究人员普遍认为劳动者相对收入差距的扩大会导致社会流动性的下降。Corak（2013）、Rolfe（2017）直接指出，劳动者的收入不平等会扼杀向上的社会流动，使得职业技能位于高水平但收入位于低水平的劳动者更难获得相应的回报。在此基础上，Chetty 等（2014a；2014b）的研究表明，过大的社会贫富差距会导致社会整体过低的教育水平与较少的公平就业机会，这将不利于整个国家或地区的社会流动，同样也会进一步扩大收入差距。另一方面，部分研究人员提出劳动者相对收入差距的扩大在一定程度上会提高社会流动性的观点。Causa 和 Johansson（2009）的研究表明，劳动者收入差距的扩大会通过再分配的方式将社会中更多的教育投资、福利政策等资源分配到位于较低社会阶层的劳动者手中，使位于较低社会阶层的劳动者向上流动的可能性得到提高（Heckman and Landersø，2021）；此外，对位于较低社会阶层的劳动者来说，可以采取一些诸如延长工作时间或是加强教育激励等措施来提高其社会流动性（Marginson，2017）。

如图 6-1 所示，出口技术升级会通过影响企业对不同技能劳动者的需求量与劳动力市场中不同技能劳动者的供应量，对高技能相对于中低技能劳动者的收入差距产生作用，而不同技能劳动者的收入差距主要通过人力资本投入与回报率对劳动者的社会流动产生效用（Kearney and Levine，2016）。具体的影响机制分析如下：首先，在劳动力市场中中低技能劳动者的收入普遍较低，此类劳动者拥有的过少社会资源，很难支撑其向上流动所产生的迁移成本，这会显著抑制中低技能劳动者的社会流动（Behrman，2019）。其次，基于人力资本理论，对人力资本的更高投入会提高人力资本的回报率，高技能与中低技能劳动者在接受更高等的教育与岗位技能培训后，其职业技能均会取得提升，从而不断满足出口技术升级过程中出口企业对更高技能劳动者的需求，提升不同技能劳动者的整体工资溢价，并为劳动者进行向上的社会流动提供更多的资金支持。但随着工资溢价的激励效应不断提升，由此引发的更高技能水平劳动者的空间集聚会导致劳动者的工资溢价有所回落，不利于劳动者的社会流动。再次，高技能与中低技能劳动者之间的收入差距过大会导致不同技能劳动者受教育水平的分层，从而抑制低技能劳动者的社会流动，提升高技能劳动者的社会流动水平（Marginson，2017）。一方面，中低技能劳动者的低收入使其无法负担劳动者自身的职业培训费用与子女的高等教育学费，限制其自身与代际的技能水平、收入水平，从而对中低技能劳动者的社会流动产生抑制作用（Hassler et al.，2007；Andrews and Leigh，2009）。另一方面，高技能劳动者的高水平收入能为自身及后代的教育提供较好的资源支持，在此基础上，更高质量的人际关系网络也会拓展获取工作的渠道，并优化从事工作的质量，提高收入水平并促进社会流动（Jia and Li，2016）。最后，从社会环境的角度，高技能相对于中低技能劳动者过大的收入差距会激发位于社会底层的劳动者对政府的不满与排斥，降低社会凝聚力，增加不稳定因素，使得社会环境不利于社会流动（Bjørnskov et al.，2013；Curtis，2015）。

综上所述，在城镇劳动力市场中，出口技术升级使企业加大了对高技能劳动者的需求，城镇具备更高技能职业水平的劳动者更有可能进入企业，从而获得更高的收入，因此，此类劳动者能够通过相对较低的迁移成本与更高的人力资本投资回报，获得更多向上的社会流动的渠道与机会；但中低技能劳动者受出口技术升级的影响较小，无法提高收入水平与职业地位，因此城镇内部劳动者进行向上流动的渠道受到技能与收入的限制。在农村劳动力市场中，由于早期户籍制度壁垒使农村整体发展滞后的问题一直存在，农村高技能劳动者大多难以进入高新技术企业就业，而劳动者的收入水平随着经济水平的整体提高，其社会流动水平有所提升。

具体而言，由于我国基础教育的普惠政策与高等教育的扩招政策，城乡劳动者的技能水平均有所提升，但由于我国不同地区的落户制度、医疗保障政策、行业发展特征等均存在差异，因此无法准确了解劳动者，尤其是农村劳动者的技能提升规模、速度与质量；同时劳动者进行社会流动所需付出的成本与获得的收益不同。由此，在具有不同发展水平的地区与行业中，出口技术升级将会通过不同技能劳动者的收入差距对社会流动产生不同的作用。

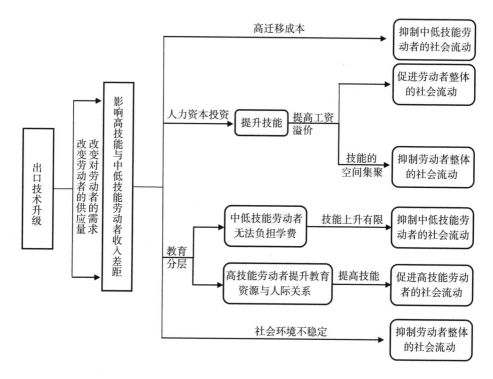

图 6-1　出口技术升级对社会流动的影响机制

基于上述分析，本章将从城乡二元劳动力市场的角度，对出口技术升级影响城乡内部劳动者社会流动进行实证分析，并且将城乡内部不同技能劳动者的收入差距作为门槛变量（吕延方等，2015；朱丹丹和黄梅波，2018），对位于不同收入差距门槛值区间内我国城乡内部劳动者的社会流动选择进行研究，并对出口技术升级能够促进劳动者社会流动所必须满足的门槛约束条件进行深入的研究。

第三节　计量模型、指标选取和数据来源

首先，本节将构建实证检验所需要的计量模型，包括用来分析出口技术升级对劳动者社会流动选择影响的基准回归模型，以及分析不同收入差距下出口技术升级对劳动者社会流动选择影响的门槛回归模型。其次，本节将着重介绍包括出口技术升级在内的指标选取与构建方式。最后，本节将介绍本章实证分析所使用数据的来源。

一、计量模型构建

（一）基准模型的构建

本章基于"城市—行业"层面对出口技术升级影响劳动者社会流动的选择进行实证研究，并构建如下计量模型：

$$mobility_{cip} = \Phi(\alpha + \beta exp\_tech\_2025_{ci} + \gamma X_c + \lambda Z_p + \theta_c + \eta_i + \varepsilon_{cip}) \quad (6-1)$$

其中，Φ 表示标准正态分布或 Logit 概率分布函数；下标 c 表示城市，i 表示不同的行业，p 表示劳动者个体。$mobility_{cip}$ 表示城乡内部劳动者的社会流动情况；$exp\_tech\_2025_{ci}$ 表示城市 c 行业 i 的出口 2025 行业上游度指数，即对我国出口产品的技术水平进行测度。β 为我国城市—行业层面的出口技术升级对城乡内部劳动者的社会流动情况产生的影响，X_c 为城市 c 层面的其他控制变量，Z_p 为劳动者个体 p 层面的控制变量，θ_c 为城市固定效应，η_i 为行业固定效应，ε_{cip} 为随机误差项。

（二）门槛回归模型的构建

出口技术升级通过改变不同技能劳动者进行社会流动的成本与收益，对

劳动者是否选择社会流动产生影响。在此基础上，本章认为位于城乡内部劳动者不同的收入差距门槛值区间，出口技术升级对社会流动的影响不同。因而为了检验这一影响机制，参考 Hansen（1999）的相关研究，将 2013 年城市—行业层面的城乡高技能与中低技能劳动者之间的收入差距作为门槛变量，构造门槛回归模型：

$$\begin{aligned}
\text{mobility}_{cip} = &\mu_1 + \mu_2 \exp\_ \text{tech}\_ 2025_{cip} \cdot I(\text{wage}_{cip} < \gamma_1) \\
&+ \mu_3 \exp\_ \text{tech}\_ 2025_{cip} \cdot I(\gamma_1 \leqslant \text{wage}_{cip} < \gamma_2) \\
&+ \mu_4 \exp\_ \text{tech}\_ 2025_{cip} \cdot I(\gamma_2 \leqslant \text{wage}_{cip} < \gamma_3) \\
&+ \mu_5 \exp\_ \text{tech}\_ 2025_{cip} \cdot I(\text{wage}_{cip} \geqslant \gamma_3) \\
&+ \mu_6 X_c + \mu_7 Z_p + \varepsilon_{cip}
\end{aligned} \tag{6-2}$$

其中，wage_{cip} 为门槛变量，表示高技能与中低技能劳动者个体的收入差距；γ_1、γ_2 和 γ_3 表示待估计的门槛值，$I(\cdot)$ 为指标函数；式（6-2）中的其他变量所表示的含义与基准计量模型中一致。

二、指标选取与测度

（一）出口技术升级指标的选取和测度

已有研究中学者从产品复杂度与出口产品附加值等角度估算贸易产品的质量水平，本章的研究重点集中于对出口产品技术升级情况的测度。为此，本章参考 Antras 等（2012）通过计算不同行业上游度来衡量各个行业当前所处生产线位置的方法，运用上游度指标对我国的出口技术升级进行衡量。

在数据库的选取方面，蒲祖河（2007）对我国中小企业的融资需求层次进行研究。文中考虑我国中小企业的可持续发展问题，采用高科技中小企业发展迅速的美国经验数据研究问题，总结我国中小企业后期发展的需求特点与发展规律。鉴于此，本章运用 2018 年美国最新发布的 2012 年投入产出表数据中不同行业间的投入产出数据，将其假定为我国各产业在中国制造业发展行动纲领指导下升级后的投入产出水平，并基于其中的行业分类，计算"出口 2025 行业上游度指数"作为我国各行业出口技术升级的指标。

对出口技术升级进行度量的"出口 2025 行业上游度指数"的构建思路与步骤有四个。

第一，依据行业分类将 2012 年美国投入产出表与中国制造业进行对应。2012 年美国投入产出表中包括 21 个大部门行业及其所列的 405 个细分行业，中国制造业的重点发展领域行业分类中则包括 13 个行业大类，并且被细分为 90 个 6 分位行业。本章则依据美国细分行业与中国 6 分位行业的内容，在美国 405 个行业中筛选出我国技术升级的行业。在对行业进行对接的过程中，由于中美两国的行业划分和覆盖范围存在差异，两国行业的对接不能实现完全意义上的一一对应。例如，本章将中国制造业行业分类中 6 分位行业代码为 020203 的先进广播影视设备制造行业对应于 2012 年美国投入产出表中的电话设备制造行业，广播和无线通信设备行业，通信与能源电线电缆制造行业，以及卫星、通信经销商和所有其他通信行业这四个行业。基于此，参照两国的行业划分标准，在美国投入产出表中选择与我国转型升级的制造业相一致的行业。

第二，计算所对应行业的"2025 上游度"。Antras 等（2012）通过对一国各行业上游度的计算来对一国各行业的技术水平进行量化，而本章则参考这一方法，运用筛选出的技术升级行业的美国投入产出系数，计算 2012 年美国投入产出表中细分行业与技术水平较高的 2025 行业之间的距离，将其定义为行业的"2025 上游度"（U_i^{2025}）：

$$U_i^{2025} = 1 \cdot \frac{X_i^{2025}}{Y_i} + 2 \cdot \sum_{j=1}^{N} d_{ij} \frac{X_j^{2025}}{Y_i} + 3 \cdot \sum_{j=1}^{N} \sum_{k=1}^{N} d_{ij} d_{jk} \frac{X_k^{2025}}{Y_i} + \cdots = [I-D]^{-2} X^{2025} \quad （6-3）$$

其中，X_i^{2025} 表示用于中国制造业行业的投入，d_{ij} 为投入产出系数，表示一部门产出中用于另一部门生产占另一行业产出的比重，其中 $\mathbf{D} = \{d_{ij}\}_{N \times N}$。

第三，基于行业"2025 上游度"，更进一步对中国"城市—行业"层面的"2025行业上游度"进行计算。本章参考当前使用的2011版《中国国民经济行业分类》对各行业内涵的详细界定，按照细分行业将2012年美国投入产出表与2011版《中国国民经济行业分类》中所列出的4分位行业进行对应。与第一步类似，由于我国2011版《中国国民经济行业分类》中对各行业的界定与2012年美国投入产出表中对其行业具体内涵的划分范围不同，同样不能逐个对应中美行业，需要对中美各行业的涵盖范围进行具体详细的对应。本章得到我国1095个4分位行业的2025行业上游度，在此基础上通过简单的加权平均，依次计算出我国2011版《中国国民经济行业分类》中各3分位行业，2分位行业与1分位行业的2025上游度。例如，本章在3分位行业代码为151的"酒的制造"这一行业中，其下所细分的6个4分位行业所对应的2012年美国投入产出表的行业存在差异，2011版《中国国民经济行业分类》中的酒精制造行业（1511）、白酒制造行业（1512）、黄酒制造行业（1514）、其他酒制造行业（1519）四者均对应于美国行业分类中的酿酒厂行业，行业代码为312140；同时中国行业分类中的啤酒制造行业（1513）对应于美国行业分类中的啤酒厂行业（312120），而葡萄酒制造行业（1515）则是对应于美国的葡萄酒酿造厂行业（312130），我国啤酒制造行业和葡萄酒制造行业的2025行业上游度与"酒的制造"行业下的其他行业不同。基于此，再将所对应出的6个4分位行业的2025行业上游度进行简单的加权平均，计算出酒的制造（151）这一行业的2025行业上游度，并且以此类推，最终计算出我国20个1分位行业的2025行业上游度，即我国各行业与技术水平较高的2025行业之间的距离。纵观"2025行业上游度"指数的计算思路，可以发现，"2025行业上游度"的值越小，表明与2025高技术行业之间的距离越近，这一行业越靠近2025行业，行业技术水平也越高。

第四，计算中国"城市—行业"层面的"出口2025行业上游度指数"，对各城市各行业的出口技术升级水平进行度量。使用2013年中国工业企业数据库，在其中分城市与行业计算2013年企业的出口值和总产值。如式（6-4）

所示，运用两者的比值作为"城市—行业"层面企业的出口权重，而其与"2025 行业上游度指数"的乘积可以理解为"出口 2025 行业上游度指数"，本章通过这一指标对 2013 年不同城市不同行业的出口技术升级进行测度：

$$X_{ci}^{2025} = \frac{X_{ci}}{Y_{ci}} U_i^{2025} \tag{6-4}$$

其中，X_{ci} 为 2013 年城市 c 行业 i 的出口，Y_{ci} 为当年城市 c 行业 i 的总产出。

由于"2025 行业上游度"这一指标的数值与其所代表的技术水平负相关，因而在考虑权重之前，对这一指标取倒数，"2025 行业上游度"的值越大，则表明这一行业与 2025 高技术行业之间的距离越近，这一行业的技术水平越高。乘上所计算出的出口权重，就会得到"出口 2025 行业上游度指数"指标，行业的"出口 2025 行业上游度指数"越大，表明这一行业的出口技术水平越高。

（二）其他指标的选取以及测度

第一，被解释变量社会流动（mobility$_{cip}$）。由于不存在一个能够对劳动者的社会流动行为进行全面衡量的指标（Causa and Johansson，2009），因而本章参考国内外有关社会流动的文献，结合我国城乡劳动力市场分割的特征事实，从户籍变化、教育背景、工作变动与收入水平四个维度构建社会流动指标。本章认为，在代际间，若是劳动者个体与上一代相比，同时存在由农业户口转为非农户口、受教育水平有所提升、与用人单位所签订的劳务合同更加稳定完备等情况，则认为劳动者个体选择进行向上的社会流动，否则认为劳动者个体未能向上流动。与此同时，与其父辈劳动者的收入水平相比，若是劳动者个体的收入更高，则同样认为劳动者进行了向上的社会流动。当劳动者个体向上流动时，社会流动指标（mobility$_{cip}$）取值为 1，否则为 0。

第二，门槛变量不同技能劳动者的收入差距（wage$_{cip}$）。在城乡内部不同技能劳动者的薪酬结构（$wage_{cip}$）指标方面，本章运用劳动者从事的职业来区别其技能的高与低，依据 CHIP 问卷中样本的职业，将从事科学技术研发、管理等工作的劳动者划分为高技能劳动者，将从事劳动密集型行业工作的工人划分为中低技能劳动者。基于此，通过在城市—行业层面对高技能与中低技能劳动者的收入分别进行加权，计算不同技能劳动者的收入差距。

第三，控制变量的选取。本章选取了城市层面与劳动者个体层面的控制变量，其中，城市层面的控制变量（X_c）包括一城市建设用地占市区面积比重（%）（urbanland），以及一城市的人口数量（千万人）（population）。在劳动者个体层面的控制变量中（Z_p），本章选取了如下七个控制变量，包括劳动者的婚姻状况（marital status），本章依据劳动者个体是否有过婚姻关系进行划分，劳动者个体的婚姻状况不同，其社会流动的选择不同；劳动者个体的政治面貌（ccpm）；劳动者个体的受教育程度（edu），本章将取得本科及以上学历的劳动者划分为拥有相对高学历的劳动者，而将取得本科以下学历的劳动者划分为相对中低学历的劳动者，劳动者受教育的水平存在差距，会导致其社会流动的渠道与机会产生差异；劳动者个体拥有医疗保险的相关情况（insurance）；劳动者通过何种渠道获得这一工作（channel）；劳动者个体是否与工作单位签订劳务合同（contract）；劳动者个体所在单位的性质（soe）。各个变量的指标含义及测度如表 6-1 所示。

表 6-1　主要变量的指标含义及测度

指标	含义及测度
marital status	1 为未婚，0 为已有婚姻关系
ccpm	1 为党员，0 为非党员
edu	1 为相对高学历，0 为相对中低学历
insurance	1 为有医疗保险，0 为没有医疗保险
channel	1 为自己找的工作，0 为通过其他渠道找的工作

指标	含义及测度
contract	1 为有合同，0 为没有合同
soe	1 为国有企业，0 为非国有企业

资料来源：根据 2013 年中国家庭收入调查（CHIP）中的数据处理所得。

三、内生性问题

由于在测度劳动者是否进行社会流动的过程中选取的代表性衡量维度具备一定的局限性，同时生成最终社会流动指标的方法引起对部分收入更高、受教育水平更高等进行向上流动劳动者的无法捕捉，从而导致所估计关键系数的偏误，即内生性问题。

为解决计量模型进行基准回归时产生的内生性问题，参考已有文献计算广延边际的方法，衡量我国出口水平受到其他竞争出口国出口技术升级的外生影响。Hummels 和 Klenow（2005）、白东北等（2021）指出，广延边际能够通过计算一国从不同国家进口商品贸易额的比值，直接衡量一国从世界其他国家进口中面临另一国家产品直接竞争的比例。鉴于此，本章将 UNCTAD 数据库与中国制造业行业分类和《中国国民经济行业分类》依次对接，选取中国、美国、英国为主要对象，分别计算中国与美国出口至英国体现技术升级的出口产品价值，并通过比值反映美国产品出口对我国出口技术升级的冲击。

$$EM_{kr} = \frac{\sum_{i \in I_{kj}} X_{ikj}}{\sum_{i \in I_{rj}} X_{irj}} \tag{6-5}$$

其中，k 为我国出口至英国技术升级产品的价值，r 为美国出口至英国技术升级产品的价值。

四、数据来源

本章使用的数据库包括 2012 年美国商品投入产出表、2013 年中国家庭收入调查数据（CHIP）、2013 年中国工业企业数据库、2014 年中国城市统计年鉴、2013 年 UNCTAD 数据库。中国家庭收入调查中包含我国城镇、农村与外来务工劳动者家庭的教育背景、工作情况与收入水平等样本情况，本章从中选取 19887 个城镇劳动者与 39065 个农村劳动者样本。本章从中剔除劳动者从事行业数据不存在或者为负值、收入数值不存在或者为负值的样本，将按照《中国国民经济行业分类》中行业计算的美国投入产出表数据与中国工业企业数据库对应，再按照城市和行业代码与 CHIP 数据库进行对接，最终得到 2131 个城镇劳动者个体样本和 4489 个农村劳动者个体样本。表 6-2 中显示了城镇和农村劳动者样本相关变量的描述性统计。

表6-2　变量的描述性统计

变量	城镇					农村				
	观测值	平均值	标准差	最小值	最大值	观测值	平均值	标准差	最小值	最大值
export_tech_2025	2131	0.1040	0.1110	0.0000	0.4710	4489	0.0887	0.0869	0.0000	0.3920
wage	2131	1.7120	1.8020	0.0200	35	4489	1.6980	3.4720	0.0780	31.5300
mobility	2131	0.2510	0.4340	0	1	4489	0.1750	0.3800	0	1
marital status	2131	0.1400	0.3470	0	1	4489	0.2300	0.4210	0	1
ccpm	2131	0.1470	0.3540	0	1	4489	0.0539	0.2260	0	1
edu	2131	0.6300	0.4830	0	1	4489	0.2520	0.4340	0	1
insurance	2131	0.9710	0.1670	0	1	4489	0.9880	0.1080	0	1
channel	2131	0.1920	0.3940	0	1	4489	0.4210	0.4940	0	1
contract	2131	0.7900	0.4080	0	1	4489	0.4140	0.4930	0	1
soe	2131	0.4570	0.4980	0	1	4489	0.1060	0.3080	0	1
urbanland	2131	12.790	8.2450	0.6600	43.520	4489	10.3300	13.0700	0.3600	93.8100
population	2131	0.8160	0.8070	0.1100	3.3580	4489	0.6920	0.6520	0.1100	3.3580

资料来源:《中国家庭收入调查（CHIP）》(2013)；《中国城市统计年鉴》(2014)。

第四节　基准模型回归结果分析

基于第三节的模型构建，本节将细致分析基准模型回归结果，包括城镇样本下的基准回归结果分析、农村样本的基准回归结果分析，以及基于工具变量的基准回归结果分析。

一、城镇样本的基准回归结果分析

表6-3通过不同的组合方式展示了计量模型的估计结果。考虑被解释变量（mobility$_{cip}$）为二元变量，本章同时采用 Probit 和 Logit 估计方法以考察出口技术升级对城乡劳动者社会流动产生影响的回归结果。表6-3中（1）列和（2）列显示的是运用 Probit 模型进行回归的结果，（1）列展示的是二值 Probit 模型的基准回归结果，（2）列展示的是所有解释变量的平均边际效应，（3）列和（4）列显示的是运用 Logit 模型进行回归的结果。表中每列均对加入的城市和行业固定效应、城市与劳动者个体层面的控制变量进行回归。可以看到在城镇样本中运用 Probit 模型和 Logit 模型进行回归的估计结果和平均边际效应一致，回归结果表明，核心解释变量的系数显著为负，这说明出口技术升级会降低城镇劳动者进行社会流动的积极性。

另外，本章对城镇样本中城市层面和个体层面的相关控制变量进行分析，也能够得到一些结论。在劳动者个体层面的控制变量方面，表6-3中的估计结果表明城镇劳动者个体的婚姻状况会对劳动者个体的社会流动产生显著的积极影响，这表明未婚的城镇劳动者与已有婚姻的劳动者相比，向上流动的可能性更大。一方面，有学者直接指出，与婚姻所带来的劳动者向上的社会流动相比，劳动者个体通过实现个人成就而形成的向上的社会流动更加重要，劳动者个体通过收入水平、职业等方面的提升对向上的社会流动形成的积极影响比通过婚姻情况带来的社会流动更为显著（Glenn et al.，1974；Porto-carero，1985）。另一方面，对存在婚姻关系的劳动者来说，其进行向上的社会流动过程中所需承担的家庭责任等是很大的阻碍。因而，由于婚姻所带来的上升的社会流动的有限性，以及家庭责任等方面的牵制，已有婚姻关系的城镇劳动者存在向上的社会流动行为的可能性更小。与此同时，劳动者的政治面貌、个体所在单位是否为国有企业、与工作单位签订的劳务合同情况对城镇劳动者的社会流动选择所产生的正面影响并不显著。劳动者的受教育水平、是否拥有医疗保险，以及劳动者个体获取工作的途径对城镇劳动者的社会流动情况均产生了并不显著的负面影响。

在城市层面的控制变量方面，城市建设用地占市区面积比重越高，城镇劳动者社会流动的可能性越低；城市的人口数量越多，会导致城镇劳动者越倾向于进行向上的社会流动，但是这两个城市层面的变量对城镇劳动者社会流动所产生的影响并不显著。

二、农村样本的基准回归结果分析

与对城镇样本的结果分析类似，表6-3中依次展示了运用 Probit 模型与 Logit 模型进行回归的结果。前一列显示的是在对城市层面和个体层面的控制变量，以及行业固定效应和城市固定效应进行控制之后的估计系数，后一列则显示各个控制变量的平均边际效应。综合农村样本中的所有估计结果，可以看到运用 Probit 模型进行回归的估计结果与运用 Logit 模型进行回归的估计结果一致。方程解释变量的系数为正，但并不显著。这一结果表明，出口技术升级会对农村劳动者的社会流动产生负面影响，但出口技术的升级并不是促进农村劳动者社会流动的关键动力。

在农村样本中，本章也对加入城市层面的控制变量和劳动者层面的控制变量的回归结果进行分析。其中，与城镇样本类似，已有婚姻关系的城镇劳动者进行向上的社会流动的可能性与不存在婚姻关系的城镇劳动者相比更小，与城镇样本中的回归结果存在差异的是五个变量。

第一，在农村劳动者的政治面貌（ccpm）方面，可以看出农村党员劳动者相较于农村非党员劳动者，其向上流动的可能性更大。劳动者的政治面貌会对其职业机会产生较为显著的影响。劳动者个体的党员身份代表着一种政治承诺和信任的信号，因而党员劳动者个体能够在收入水平等方面与非党员劳动者相比更高；在此基础上，党组织在企业部门机构等方面的高度渗透性更加推动了党员劳动者的社会流动（Romano et al.，2016）。由此，可以认为农村党员劳动者更可能凭借其党员身份所代表的政治承诺，在劳动力市场中获得比其同等条件下的非党员劳动者收入水平更高的岗位，从这一角度来看，提高了农村党员劳动者向上流动的可能性。

第二，在农村劳动者的受教育水平（edu）方面，其回归系数显著为负，即相较于接受高等教育的农村劳动者，接受中低教育的农村劳动者向上流动的可能性更大。Mok（2016）指出在传统观念中，接受高等教育的青年人存在更好的职业前景和更大可能的向上的社会流动，但是由于经济全球化，以及2008年国际金融危机的冲击，全球的劳动力市场都发生了重大的变动，接受相对更高教育劳动者的失业率存在不断上升的趋势。本章对这一现象进行解释，认为劳动者接受的教育水平的提高并不等同于向上的社会流动，即使当农村劳动者所接受的教育水平有所提高，但是由于农村劳动者所在家庭的社会网络和社会资本等资源均处于较为缺乏的状态，相对高学历的农村劳动者并没有很多的机会进行向上的社会流动，同时其收入水平甚至低于相对中低学历但职业技能较高的农村劳动者。

第三，在农村劳动者寻找获取工作的方法途径（channel）方面，农村劳动者获取工作的途径对其社会流动的情况能够产生较为显著的负面影响，这一结果表明与凭借自身能力水平不借助其他渠道找到工作的农村劳动者相比，通过各种关系找到工作的农村劳动者向上流动的可能性更大。Romano（2016）指出，世界各国劳动者通过求助于私人关系选择工作的行为相当普遍，而Mok（2016）通过对我国经济实力与发展水平较为靠前的城市中劳动者的情况进行研究，总结出家庭背景和劳动者所具备的社会资源对其个体的发展和向上的社会流动均具有积极的推动作用。借助个人和家庭的社会关系网络和社会资源等方面以寻找工作的劳动者更能够实现向上的社会流动。

第四，在城市建设用地占市区面积的比重（urbanland）方面，由表6-3可知，这一占比越大，农村劳动者越具有进行社会流动的意愿。本章尝试对这一结果进行解释，一方面，随着城市化的发展，城市建设用地的面积逐步增加，并会侵占农村土地，导致以务农为生的农村劳动者为获得收入，被迫向城市流动（Hao，2020）。另一方面，城市建设用地占比的不断提高所带来的城市公共设施建设、商业服务业建设等方面的优化提升，吸引了来自农村的部分劳动者，因此，这同样会对农村劳动者进行社会流动的可能性产生促进作用。

第五，在城市的人口数量（population）方面，表6-3中这一系数显著为负，可以认为，城市的人口数量与农村劳动者向上的社会流动存在负向关系。Bezin和Moizeau（2017）从文化距离的角度进行阐释，认为社会流动产生的整合会导致文化冲突或是文化同化，当进行社会流动的劳动者的文化与流入城市文化不接近时，双方的文化距离较远，由此引致的文化冲突并不利于农村劳动者的社会流动，将对其产生阻碍作用。

表6-3 基准模型的回归结果

变量	(1) 城镇 mobility	(2) 城镇 mobility	(3) 城镇 mobility	(4) 城镇 mobility	(5) 农村 mobility	(6) 农村 mobility	(7) 农村 mobility	(8) 农村 mobility
export_tech_2025	-2.9510* (1.1780)	-0.8857	-5.5377* (2.1953)	-0.9858	2.6687 (2.5737)	0.6411	5.7913 (4.8189)	0.7847
marital status	0.1999* (0.0912)	0.0600	0.3213* (0.1531)	0.0572	0.3843*** (0.0553)	0.0923	0.6787*** (0.0957)	0.0920
ccpm	0.1490 (0.0929)	0.0447	0.2570 (0.1565)	0.0457	0.2438* (0.1022)	0.0586	0.4426* (0.1790)	0.0600
edu	-0.0338 (0.0719)	-0.0101	-0.0709 (0.1213)	-0.0126	-0.1437* (0.0593)	-0.0345	-0.2713* (0.1067)	-0.0368
insurance	-0.1741 (0.1918)	-0.0523	-0.3085 (0.3226)	-0.0549	0.4881 (0.2650)	0.1173	0.9404 (0.5337)	0.1274
channel	-0.0222 (0.0826)	-0.0067	-0.0571 (0.1405)	-0.0102	-0.2210*** (0.0495)	-0.0531	-0.4023*** (0.0887)	-0.0545
contract	0.0029 (0.0871)	0.0009	0.0028 (0.1467)	0.0005	0.0516 (0.0532)	0.0124	0.0940 (0.0947)	0.0127
soe	0.0430 (0.0793)	0.0129	0.0830 (0.1343)	0.0148	-0.1472 (0.0851)	-0.0353	-0.2687 (0.1528)	-0.0364
urbanland	-0.1499 (0.1587)	-0.0450	-0.2648 (0.2576)	-0.0471	0.5782* (0.2527)	0.1389	1.0356* (0.4375)	0.1403

续表

变量	(1) 城镇 mobility	(2) 城镇 mobility	(3) 城镇 mobility	(4) 城镇 mobility	(5) 农村 mobility	(6) 农村 mobility	(7) 农村 mobility	(8) 农村 mobility
population	1.2680 (1.7990)	0.3806	2.3524 (2.9276)	0.4188	-7.2654* (3.0453)	-1.7452	-13.0023* (5.2821)	-1.7618
行业固定效应	是	是	是	是	是	是	是	是
城市固定效应	是	是	是	是	是	是	是	是
常数项	-0.2435 (0.5666)	—	-0.4817 (0.9323)	—	0.8219 (0.9277)	—	1.5452 (1.6210)	—
样本量	2022	2022	2022	2022	4347	4347	4347	4347

注: ***、**、* 分别表示在 1%、5% 和 10% 水平上显著，系数下括号内为标准误。下同。

三、基于工具变量的回归

在进行工具变量回归时，本章使用 Ivprobit 方法解决基准模型中的内生性问题。构建工具变量模型第一阶段的回归结果如表 6-4 所示，结果显示，本章所选择的工具变量对出口技术升级的度量指标具有显著的影响。表 6-5 中模型（13）~模型（15）为城镇样本工具变量的回归结果，模型（16）~模型（18）为农村样本工具变量的回归结果，其中，模型（13）显示的是在城镇样本中仅控制行业固定效应的估计系数，模型（14）显示的是在对行业固定效应与城市固定效应同时进行控制之后的估计系数，模型（15）展示的是所有解释变量的平均边际效应。农村样本中的回归结果同样如此。此外，在对城镇和农村样本进行工具变量估计时，由于选取的工具变量数量与内生解释变量的数量相等，因而未对其进行过度识别检验。

将基准回归结果与基于工具变量的回归结果进行对比分析，可以发现，在城镇样本中，表 6-5 中模型（13）核心解释变量显著为负，当仅控制行业固定效应，且"出口 2025 行业上游度指数"增大时，城镇劳动者选择向上的社会流动可能性会降低。但如模型（14）所示，当同时控制城市和行业固定效应时，出口技术升级对社会流动的负面影响并不显著。在农村样本中，模型（16）与模型（17）中核心解释变量显著为正，可以理解为出口技术的升级会提高农村劳动者选择向上社会流动的可能性，即当"出口 2025 行业上游度指数"增加 1 单位时，农村劳动者向上流动的可能性增加 7.517。

基于此，总结出以下三点结论：①当对城市固定效应与行业固定效应进行控制，并考虑基准模型中的内生性问题时，出口技术升级对城镇劳动者社会流动的抑制作用变得不显著，对农村劳动者社会流动的促进作用变得显著。②在出口技术升级的影响下，不同技能劳动者面临的社会流动成本与收益不同。由于我国的城乡二元劳动力市场分割，城镇与农村劳动者自身技能水平、上升渠道等方面存在差异。一方面，高技能劳动者能够通过更大的人力资本投资与更广的人际关系网络获得更多的上升机会和工作渠道，提升劳动者进行社会流动的收益。另一方面，中低技能劳动者在进行人力资本投资中学费的限制会导致技能提升与资源渠道的有限性，从而限制工资溢价。对中低技能劳动者来说，相对较高的迁移成本会引起此类劳动者社会流动的成本相对较高。③出口技术升级对城乡劳动者社会流动产生的影响方向不同，出口技术升级会阻碍城镇劳动者的社会流动行为，推动农村劳动者更为积极地向上流动。基于前文的分析，在城镇地区，虽然高技能劳动者会积极进行社会流动，但占比更大的中低技能劳动者面临的低流动收益与高流动成本会对劳动者整体的社会流动行为产生负面影响。在农村地区，其用于发展所投入的资源和资金落后于城镇地区，劳动者从社会流动中获得的收益较低，进行社会流动的可能性有限。出口技术升级不断推动区域经济的发展，促进城乡融合，农村劳动者整体的收入水平提高，因此为其向上流动提供了政策与资金支持，促进劳动者的社会流动。

表6-4　工具变量模型第一阶段估计结果

变量	(9)	(10)	(11)	(12)
	城镇	城镇	农村	农村
	export_ tech_ 2025	export_ tech_ 2025	export_ tech_ 2025	export_ tech_ 2025
EM	0.0874 ***	0.1055 ***	0.0835 ***	0.0884 ***
	(0.0058)	(0.0012)	(0.0061)	(0.0008)
marital status	−0.0170 **	0.0002	−0.0119 ***	0.0005
	(0.0067)	(0.0008)	(0.0031)	(0.0003)
ccpm	0.0010	0.0010	0.0087	0.0004
	(0.0069)	(0.0008)	(0.0058)	(0.0005)
edu	−0.0031	−0.0009	0.0158 ***	0.0003
	(0.0050)	(0.0006)	(0.0031)	(0.0003)

续表

变量	(9) 城镇 export_ tech_ 2025	(10) 城镇 export_ tech_ 2025	(11) 农村 export_ tech_ 2025	(12) 农村 export_ tech_ 2025
insurance	0.0192 (0.0136)	0.0003 (0.0015)	−0.0038 (0.0118)	−0.0004 (0.0011)
channel	−0.0081 (0.0058)	−0.0006 (0.0007)	0.0061 ** (0.0026)	0.0000 (0.0002)
contract	0.0242 *** (0.0060)	0.0008 (0.0007)	0.0168 (0.0027)	−0.0004 (0.0003)
soe	−0.0522 *** (0.0052)	0.0003 (0.0006)	−0.0074 * (0.0044)	0.0006 (0.0004)
urbanland	0.0001 (0.0003)	−0.0294 *** (0.0013)	−0.0002 ** (0.0001)	−0.0659 *** (0.0011)
population	0.0185 *** (0.0032)	0.3680 *** (0.0149)	0.0094 *** (0.0020)	0.8171 *** (0.0126)
行业固定	是	是	是	是
城市固定	否	是	否	是
常数项	−0.0137 (0.0162)	−0.1447 *** (0.0046)	−0.0284 * (0.0141)	−0.2632 * (0.0038)
样本量	1921	1816	4420	4285

表 6-5　工具变量模型估计结果

变量	(13) 城镇 mobility	(14) 城镇 mobility	(15) 城镇 mobility	(16) 农村 mobility	(17) 农村 mobility	(18) 农村 mobility
export_ tech_ 2025	−2.0021 ** (0.9008)	−0.4689 (1.3948)	−0.4689	3.7404 ** (1.4852)	7.5173 ** (3.4102)	7.5173
marital status	0.1369 (0.0928)	0.1469 (0.0957)	0.1469	0.4827 *** (0.0565)	0.3836 *** (0.0559)	0.3836
ccpm	0.1868 ** (0.0941)	0.1526 (0.0981)	0.1526	0.2169 ** (0.1029)	0.2462 ** (0.1037)	0.2462

续表

变量	（13）城镇 mobility	（14）城镇 mobility	（15）城镇 mobility	（16）农村 mobility	（17）农村 mobility	（18）农村 mobility
edu	−0.0490 (0.0692)	−0.0410 (0.0739)	−0.0410	−0.2387 *** (0.0635)	−0.1461 ** (0.0599)	−0.1461
insurance	−0.0855 (0.1848)	−0.1979 (0.1948)	−0.1979	0.5327 ** (0.2607)	0.4963 * (0.2699)	0.4963
channel	−0.1273 (0.0827)	−0.0717 (0.0869)	−0.0717	−0.2429 *** (0.0494)	−0.2331 *** (0.0500)	−0.2331
contract	0.0363 (0.0855)	−0.0140 (0.0895)	−0.0140	−0.0199 (0.0548)	0.0570 (0.0536)	0.0570
soe	−0.1408 (0.0991)	0.0467 (0.0828)	0.0467	−0.0411 (0.0830)	−0.1285 (0.0864)	−0.1285
urbanland	−0.0040 (0.0041)	−0.0765 (0.1607)	−0.0765	−0.0046 ** (0.0020)	0.9100 *** (0.2831)	0.9100
population	0.0545 (0.0499)	0.3992 (1.8218)	0.3992	−0.0307 (0.0371)	−11.3287 *** (3.4416)	−11.3287
行业固定效应	是	是	是	是	是	是
城市固定效应	否	是	是	否	是	是
常数项	−0.2855 (0.2151)	0.0883 (0.5170)	—	−1.7048 *** (0.2845)	1.5581 * (0.8256)	—
内生性检验	0.0046	0.3897	—	0.0019	0.0755	
弱工具检验　AR	0.0236	0.7367		0.0098	0.0276	
弱工具检验　Wald	0.0262	0.7367	—	0.0118	0.0275	—
样本量	1921	1816	1816	4420	4285	4285

注：内生性检验报告的是外生性 Wald 检验的 p 值，根据表中所展示的 p 值，认为可以拒绝"解释变量均为外生"的原假设；弱工具变量检验中报告的是 AR 和 Wald 的 p 值，可以看到 AR 和 Wald 的 p 值在不同显著性水平下显著，因而拒绝"内生变量与工具变量不相关"的原假设，同时也表明，本章在城镇和农村样本中选择的工具变量不为弱工具变量。

第五节　门槛回归模型结果分析

本节将根据第三节构建的门槛回归，对回归结果进行分析研究，考察高技能与中低技能劳动者收入差距的门槛效应，及其对城镇、农村劳动者的社会流动产生的不同影响。

一、"门槛条件"检验

整体而言，出口技术升级会降低城镇劳动者社会流动的可能性，提高农村劳动者社会流动的可能性，并且出口技术升级会通过改变高技能与中低技能劳动者的收入差距对劳动者的社会流动行为产生影响。因此，本章通过检验"门槛条件"，明确门槛变量的个数与门槛值。鉴于此，参考 Hansen（2000）中的检验方法，利用自举法（Bootstrap）计算出 F 统计量的临界值，本章在回归中设置的自举次数为 300 次。这一方法的思路如下：首先，对线性模型进行检验，原假设为线性模型，将备择假设设置为单一门槛模型，如果拒绝原假设，则进一步对单一门槛模型进行检验；其次，在对单一门槛模型进行检验时，原假设为单一门槛模型，备择假设则为双重门槛模型，如果拒绝原假设，则进一步对双重门槛模型进行检验。以此类推，当选择接受原假设，结束对门槛条件的检验。表 6-6 中所展示的是对不同模型进行检验的 F 值、p 值。

表6-6　城镇样本中门槛条件检验结果

模型假设		门槛条件检验				
原假设	备择假设	F值	p值	1%	5%	10%
线性模型	单一门槛模型	17.4890***	0.0000	7.1830	4.4310	3.2370
单一门槛模型	双重门槛模型	22.9000***	0.0000	2.7650	-0.7180	-3.0310
双重门槛模型	三重门槛模型	8.7640***	0.0130	9.1580	4.4850	2.7920

注：后三列为1%、5%和10%显著性水平下的临界值。

如表6-6所示，对城镇样本中的门槛条件检验结果进行分析，在城镇样本中依次拒绝了线性模型、单一门槛模型和双重门槛模型的原假设，因而存在城镇高技能与中低技能劳动者收入差距的门槛效应，同时将城镇高技能与中低技能劳动者之间的收入差距作为门槛变量，其门槛值有三个，分别为1.348、1.952、2.158。

同时，如表6-7所示，也对农村样本中的门槛条件检验结果进行分析，可以看到，与城镇样本中的结果类似，在农村样本中依次拒绝了线性模型、单一门槛模型和双重门槛模型的原假设，因而存在不同技能劳动者收入差距的门槛效应，农村高技能与中低技能劳动者之间的收入差距作为门槛变量，其门槛值有三个，分别为0.935、0.959、2.576。

表6-7　农村样本中门槛条件检验结果

模型假设		门槛条件检验				
原假设	备择假设	F值	p值	1%	5%	10%
线性模型	单一门槛模型	19.3460***	0.0000	6.2530	3.9160	2.7980
单一门槛模型	双重门槛模型	24.5720***	0.0000	1.9720	-4.4330	-6.5520
双重门槛模型	三重门槛模型	15.9480***	0.0000	6.1490	4.5410	2.7920

注：后三列为1%、5%和10%显著性水平下的临界值。

二、实证结果及分析

（一）城镇样本估计结果

对城镇样本中的收入差距的三重门槛模型进行回归。如表6-8所示，出口技术升级对社会流动的影响存在基于城镇内部不同技能劳动者的收入差距的门槛特征。（1）列为城镇高技能与中低技能劳动者收入差距数值小于1.3480的情况，出口技术升级对城镇劳动者社会流动的影响系数显著为正（0.8490）；当不同技能劳动者之间的收入差距超过1.3480，但是未达到1.9520时，出口技术升级会对城镇劳动者的社会流动产生并不显著且为负的影响；当不同技能劳动者之间的收入差距实际值位于［1.9520，2.1580］时，核心解释变量的估计系数显著为0.7700，出口技术的升级会显著提高城镇劳动者向上流动的可能性；当高技能与中低技能之间的收入差距达到或超过2.1580时，出口技术升级的系数依然显著，且增大为2.2480，这表明随着高技能与中低技能劳动者之间收入差距的不断扩大，出口技术升级对城镇劳动者社会流动的影响也越来越大。综合以上的回归结果，可以认为随着城镇高技能与中低技能劳动者之间的收入差距不断扩大，出口技术升级对劳动者的社会流动呈现出先促进再抑制，最后不断促进的影响，同时出口技术升级对城镇劳动者社会流动的抑制作用并不显著；当城镇不同技能劳动者的收入差距位于［1.3480，1.9520］之外时，出口技术升级能够提升城镇劳动者的社会流动水平。对此可能的解释是，一方面，在城镇地区当不同技能劳动者的收入不平等问题有所缓解时，稳定的社会环境与居民的积极心态，能够促进城镇劳动者整体的社会流动；另一方面，当城镇高技能劳动者与中低技能劳动者的收入差距不断拉大，高技能劳动者的社会流动成本与收益变动使其进行向上流动主观意愿有所提升，则出口技术升级能够提升劳动者的社会流动。

表 6-8　城镇样本估计结果

门槛值	（1）	（2）	（3）	（4）
	wage<1.3480	1.3480≤wage<1.9520	1.9520≤wage<2.1580	wage≥2.1580
	0.8490 ***	−0.0039	0.7700 ***	2.2480 ***
	(4.8800)	(−0.0400)	(3.9300)	(4.6800)
是否加入控制变量	是			
常数项	0.2720 ***			
	(4.4600)			
R²	0.0303			
样本量	2131			

注：***、**、*分别表示在1%、5%和10%水平上显著，下同。

（二）农村样本估计结果

表 6-9 中展示的是农村样本中的收入差距三重门槛模型的回归结果。结果表明，存在基于劳动力市场内部不同技能劳动者收入差距的门限特征。其中，当农村不同技能劳动者的收入差距真实值小于 0.9350 时，出口技术的升级对劳动者的社会流动产生的影响不显著；当农村不同技能劳动者之间的收入差距位于［0.9350，0.9590］时，出口技术升级会对农村劳动者的社会流动产生较为显著的影响，正向影响系数为 3.1340；当不同技能劳动者之间的收入差距真实值大于 0.9590，未达到 2.5760 时，出口技术的升级会抑制劳动者的社会流动，系数为 −0.1420；当农村高技能与中低技能之间的收入差距更大，达到或超过 2.5760 这一门槛值后，出口贸易升级会对农村劳动者的社会流动产生显著的负面影响，估计系数为 −1.1970，即在此情况下出口贸易的升级会进一步抑制农村劳动者向上的社会流动。综合以上的回归结果，可以认为当农村不同技能劳动者的收入差距位于［0.9350，0.9590］时，出口技术升级会提升农村劳动者的社会流动水平，但位于其他区间时，均会对社会流动水平产生负面作用。本章认为我国农村地区劳动者的技能水平普遍较低，与城镇劳动者不同，农村低技能劳动者的占比更高，因此当不同技能劳

动者的收入差距过大，只有少数的高技能劳动者具备向上流动的主观意愿与经济能力，当不同技能劳动者的收入差距在合理的区间内，才能使得出口技术升级促进农村内部劳动者的社会流动。

表6-9　农村样本估计结果

门槛值	（1）	（2）	（3）	（4）
	wage< 0. 9350	0. 9350≤wage< 0. 9590	0. 9590≤wage< 2. 5760	wage≥2. 5760
	−0. 0391	3. 1340 ***	−0. 1420 **	−1. 1970 ***
	（−0. 1400）	（6. 1700）	（−2. 1700）	（−4. 4300）
是否加入控制变量	是			
常数项	0. 0782			
	（1. 4800）			
R²	0. 0399			
样本量	4489			

第六节　主要结论与政策建议

一、主要结论

本章基于 2012 年美国投入产出表、2013 年中国工业企业数据库与中国制造业行业分类，计算中国"城市—行业"层面的"出口 2025 行业上游度指数"，实证研究出口技术升级对中国城乡内部劳动者社会流动的影响和作用机制。另外，采用 2013 年中国家庭收入调查（CHIP）计算出城乡劳动力市场中高技能与中低技能劳动者之间的收入差距，将其作为出口技术升级影响劳动者社会流动的门槛变量，探究了出口技术的升级促进中国城乡内部劳动者社会流动所必须满足的门槛条件。

本章得出结论：从城镇与农村劳动力市场角度，出口技术升级会显著抑制城镇内部劳动者的向上流动，同时会提升农村内部劳动者的向上流动。同时，从高技能与中低技能劳动者的收入差距角度，当高技能与中低技能劳动者之间的收入差距数值位于适当的区间时，当前阶段我国出口技术的升级会对城镇与农村内部劳动者的社会流动产生显著的积极作用。具体而言：当城镇高技能劳动者相对于中低技能劳动者之间的收入差距小于1.3480或大于1.9520时，出口技术升级会促进城镇劳动者整体的向上流动。当农村高技能与中低技能劳动者之间的收入差距数值位于［0.9350，0.9590］时，出口技术升级会积极影响农村劳动者的社会流动。

二、政策建议

综合上述结论，本章得出三点政策启示。

第一，关注农村发展短板，推动城乡协调发展。鉴于城乡地区发展不平衡的问题，当前需要通过更多的资金支持、政策倾斜，更完备的福利保障，完善农村地区的教育、医疗制度，改善生活条件，为农村劳动者的发展提供适度的便利和福利，并进一步为农村劳动者提供更多向上流动的机会，打破城乡壁垒，深入推进城乡融合，激发我国社会流动的活力。

第二，合理把控劳动力的收入差距，优化薪酬结构。合理宏观调控城乡内部高技能与中低技能劳动者之间的收入差距，最大化劳动者进行社会流动的动力，优化不同地区和不同行业具备不同技能劳动者的收入水平与薪酬结构，通过适当的收入差距，为劳动者的社会流动提供动力，促进社会融合。

第三，提高劳动者的职业技能，促进社会流动。出口技术升级能够为企业高质量、高技术生产提供学习渠道，同时对劳动者的专业能力提出新的要求。因此，应当把握经济高质量发展时机，从高等教育、岗前培训、在岗学习等方面提高劳动者的技能水平，为企业的高技能生产和高效率管理提供在岗职工与人才储备，满足企业对高技能劳动者的大规模需求。

本篇小结

本篇主要关注对外贸易与劳动力市场间的关系，研究了出口技术升级对城乡内部劳动者收入差距的影响，以及出口技术升级对中国城乡内部劳动者社会流动的影响，得出如下结论：

第一，出口技术的升级会扩大城镇高技能与中低技能劳动者之间的收入差距，但是会缩小当前农村内部高技能和中低技能劳动者之间的收入差距。具体地，在城镇内部，出口技术升级会通过高新技术企业数量的增加而加大对高技能劳动者的需求，同时会降低城镇劳动力市场内部高技能劳动者的供应，这两种影响机制均会扩大城镇高技能与中低技能劳动者之间的收入差距；在农村内部，出口技术升级会通过缩小农村劳动力市场中高技能劳动者的供应而提高农村高技能劳动者的收入水平，但同时出口技术升级会通过普通企业的转移而加大对农村中低技能劳动者的需求，这会使农村中低技能劳动者的收入受到的影响更大，进而对农村高技能与中低技能劳动者之间的收入差距产生负面效应。

第二，从城镇与农村劳动力市场角度，出口技术升级会显著抑制城镇内部劳动者的向上流动，同时会提升农村内部劳动者的向上流动。当高技能与中低技能劳动者之间的收入差距数值位于适当的区间时，我国出口技术的升级会对城镇与农村内部劳动者的社会流动产生显著的积极作用。

因此，一方面，中国需要增加当前对教育的投入，拓宽不同技能劳动者接受培训的渠道，尤其是中低技能劳动者采取相关的岗前以及在岗培训等措施，提高劳动者的总体技能水平和中低技能劳动者的技能水平，从而增加劳动力市场中高技能劳动者的供给，进而缩小高技能与中低技能劳动者之间的收入差距；另一方面，中国需要推动城乡协调发展，合理把控劳动力的收入差距，提高劳动者的职业技能，促进社会流动。

参考文献

[1] Aarstad J , Kvitastein O A , Jakobsen S E . Related and Unrelated Variety as Regional Drivers of Enterprise Productivity and Innovation: A Multilevel Study [J] . Research Policy, 2016 (4): 844-856.

[2] Abdullah A, Doucouliagos H, Manning E. Does Education Reduce Income Inequality? A Meta-regression Analysis [J] . Journal of Economic Surveys, 2015 (2): 301-316.

[3] Acemoglu D . Why Do New Technologies Complement Skills? Directed Technical Change and Wage Inequality [J] . Quarterly Journal of Economics, 1998 (4): 1055-1089.

[4] Acemoglu D, Autor D, Dorn D, et al. Import Competition and the Great US Employment Sag of the 2000s [J] . Journal of Labor Economics, 2016 (S1 Part 2): S141-S198.

[5] Acharya R C, Keller W. Estimating the Productivity Selection and Technology Spillover Effects of Imports [Z]. 2008.

[6] Aghion P , Bergeaud A , Lequien M , et al. The Impact of Exports on Innovation: Theory and Evidence [Z]. 2018.

[7] Aghion P, Blundell R, Griffith R, et al. The Effects of Entry on Incumbent Innovation and Productivity [J]. The Review of Economics and Statistics,

2009 (1): 20-32.

[8] Aiyar S, Ebeke C. Inequality of Opportunity, Inequality of Income and Economic Growth [J]. World Development, 2020 (136): 105-115.

[9] Amable B, Ledezma I, Robin S. Product Market Regulation, Innovation, and Productivity [J]. Research Policy, 2016 (10): 2087-2104.

[10] Amiti M, Davis D R. Trade, Firms, and Wages: Theory and Evidence [J]. Review of Economic Studies, 2012 (1): 1-36.

[11] Amiti M, Konings J. Trade Liberalization, Intermediate Inputs, and Productivity: Evidence from Indonesia [J]. The American Economic Review, 2005 (5): 1611-1638.

[12] Amiti M, Wei S J. Service Offshoring and Productivity: Evidence from the US [J]. World Economy, 2009 (2): 203 - 220.

[13] Andrews D, Leigh A. More Inequality, Less Social Mobility [J]. Applied Economics Letters, 2009 (15): 1489-1492.

[14] Antras P. Firms, Contracts, and Trade Structure [J]. Quarterly Journal of Economics, 2003 (4): 1375-1418.

[15] Antras P, Chor D, Fally T, et al. Measuring the Upstreamness of Production and Trade Flows [J]. The American Economic Review, 2012 (3): 412-416.

[16] Anyanwu J C, Erhijakpor A E O, Obi E. Empirical Analysis of the Key Drivers of Income Inequality in West Africa [J]. African Development Review, 2016 (1): 18-38.

[17] Ariel B, Melitz M J. Trade Liberalization and Firm Dynamics [Z]. 2011.

[18] Artuc E, Lopez-Acevedo G, Robertson R, et al. Exports to Jobs: Boos-

ting the Gains from Trade in South Asia [R]. Washington DC: World Bank, 2019.

[19] Asteriou D, Dimelis S, Moudatsou A. Globalization and Income Inequality: A Panel Data Econometric Approach for the EU27 Countries [J]. Economic Modelling, 2014 (1): 592-599.

[20] Autor D, Dorn D, Hansen G H. The China Shock: Learning from Labor Market Adjustment to Large Changes in Trade [J]. Annual Review of Economics, 2016 (1): 205-240.

[21] Autor D, Dorn D, Hanson G H, et al. Foreign Competition and Domestic Innovation: Evidence from US Patents [Z]. 2016.

[22] Aw B Y, Chung S, Roberts M J. Productivity and Turnover in the Export Market: Micro - Level Evidence from the Republic of Korea and Taiwan (China) [J]. World Bank Economic Review, 2000 (14): 65-90.

[23] Aw B Y, Roberts M J, Winston T. Export Market Participation, Investments in R&D and Worker Training, and the Evolution of Firm Productivity [J]. World Economy, 2007 (1): 83-104.

[24] Aw B Y, Roberts M J, Xu D Y. R&D Investments, Exporting, and the Evolution of Firm Productivity [J]. The American Economic Review, 2008 (98): 451-456.

[25] Baron R M, Kenny D A. The Moderator-Mediator Variable Distinction in Social Psychological Research: Conceptual, Strategic and Statistical Considerations [J]. Journal of Personality and Social Psychology, 1987 (6): 1173-1182.

[26] Baumann J, Kritikos A S. The Link between R&D, Innovation and Productivity: Are Micro Firms Different? [J]. Research Policy, 2016 (6): 1263-1274.

[27] Becker S O , Egger P H . Endogenous Product Versus Process Innovation and A Firm's Propensity to Export [J] . Empirical Economics, 2013 (1): 329-354.

[28] Behrman J R . Human Capital and Docial Mobility in Low- and Middle-Income Countries [R] . Tokyo: World Institute for Development Economic Research (UNU-WIDER), 2019.

[29] Belsky D W , Domingue B W , Robbee W , et al. Genetic Analysis of Social-Class Mobility in Five Longitudinal Studies [J] . Proceedings of the National Academy of Sciences of the United States of America, 2018 (115): E7275-E7284.

[30] Benhabib J, Bisin A, Luo M. Wealth Distribution and Social Mobility in the US: A Quantitative Approach [Z]. 2015.

[31] Berger T, Frey C B. Structural Transformation in the OECD: Digitalisation, Deindustrialisation and the Future of Work [R] . Paris: OECD, 2016.

[32] Bernard A B, Eaton J, Jensen J B, et al. Plants and Productivity in International Trade. [J] . American Economic Review, 2000 (4): 1268-1290.

[33] Bernard A B, Jensen J B. Exporting and Productivity in the USA [J]. Oxford Review of Economic Policy, 2004 (3): 343-357.

[34] Bezin E , Moizeau F . Cultural Dynamics, Social Mobility and Urban Segregation [J] . Post-Print, 2017 (99): 173-187.

[35] Bigsten A, Gebreeyesus M. Firm Productivity and Exports: Evidence from Ethiopian Manufacturing [J] . The Journal of Development Studies, 2009 (10): 1594-1614.

[36] Bin X U, Jiangyong L U. Foreign Direct Investment, Processing Trade, and the Sophistication of China's Exports [J] . China Economic Review, 2009

(3): 425-439.

[37] Bjørnskov C, Dreher A, Justina A V, et al. Inequality and Happiness: When Perceived Social Mobility and Economic Reality do not Match [J]. Journal of Economic Behavior and Organization, 2013 (91): 75-92.

[38] Blanchard E, Willmann G. Trade, Education, and the Shrinking Middle Class [J]. Journal of International Economics, 2016 (99): 263-278.

[39] Bloom N, Reenen J V. Measuring and Explaining Management Practices Across Firms and Countries [J]. The Quarterly Journal of Economics, 2007 (4): 1351-1408.

[40] Bloom N, Draca M, Van Reenen J. Trade Induced Technical Change? The Impact of Chinese Imports on Innovation, IT and Productivity [J]. The Review of Economic Studies, 2016 (1): 87-117.

[41] Bloom N, Romer P M, Terry S J, et al. A Trapped-Factors Model of Innovation [J]. The American Economic Review, 2013 (3): 208-213.

[42] Bosch G. Shrinking Collective Bargaining Coverage, Increasing Income Inequality: A Comparison of Five EU Countries [J]. International Labor Review, 2015 (1): 57-66.

[43] Brandt L, Biesebroeck V J, Zhang Y. Creative Accounting or Creative Destruction? Firm-Level Productivity Growth in Chinese Manufacturing [J]. Journal of Development Economic, 2012 (2): 339-351.

[44] Broda C, Weinstein D E. Globalization and the Gains from Variety [J]. The Quarterly Journal of Economics, 2006 (2): 541-585.

[45] Broda C, Greenfield J, Weinstein D E. From Groundnuts to Globalization: A Structural Estimate of Trade and Growth [Z]. 2006.

［46］ Brown P, James D. Educational Expansion, Poverty Reduction and Social Mobility: Reframing the Debate ［J］. International Journal of Educational Research, 2020, 100 （2）: 101537.

［47］ Burstein A T, Vogel J. Globalization, Technology, and the Skill Premium: A Quantitative Analysis ［Z］. 2010.

［48］ Bustos P. Rising Wage Inequality in the Argentinean Manufacturing Sector: The Impact of Trade and Foreign Investment on Technology and Skill Upgrading ［Z］. 2005.

［49］ Bustos P. Trade Liberalization, Exports, and Technology Upgrading: Evidence on the Impact of Mercosur on Argentinian Firms ［J］. American Economic Review, 2011 （1）: 304-340.

［50］ Cai H, Liu Q. Competition and Corporate Tax Avoidance: Evidence from Chinese Industrial Firms ［J］. The Economic Journal, 2009 （537）: 764-795.

［51］ Caldera A. Innovation and Exporting: Evidence from Spanish Manufacturing Firms ［J］. Review of World Economics, 2010 （4）: 657-689.

［52］ Caliendo L, Dvorkin M A, Parro F. Trade and Labor Market Dynamics: General Equilibrium Analysis of the China Trade Shock ［Z］. 2015.

［53］ Caliendo L, Maximiliano D, Fernando P. The Impact of Trade on Labor Market Dynamics ［R］. 2015.

［54］ Causa O, Johansson A. Intergenerational Social Mobility ［Z］. 2009.

［55］ Cazes S, Laiglesia J R. Temporary Contracts and Wage Inequality ［M］. Switzerland: International Labor Office, 2015.

［56］ Chan K W. The Household Registration System and Migrant Labor in China: Notes on a Debate ［J］. Population and Development Review, 2010

(2): 357-364.

[57] Chetty R , Hendren N , Kline P, et al. Is the United States Still a Land of Opportunity? Recent Trends in Intergenerational Mobility [J] . American Economic Review, 2014 (5): 141-147.

[58] Chetty R , Hendren N , Kline P , et al. Where is the Land of Opportunity? The Geography of Intergenerational Mobility in the United States [J] . The Quarterly Journal of Economics, 2014 (4): 1553-1623.

[59] Coe D T, Helpman E, Hoffmaister A W. International R&D Spillovers and Institutions [J]. European Economic Review, 2009 (7): 723-741.

[60] Coelli F, Moxnes A, Ulltveit – Moe K H. Better, Faster, Stronger: Global Innovation and Trade Liberalization [Z]. 2016.

[61] Cohen W M, Levinthal D A. Absorptive Capacity: A New Perspective on Learning and Innovation [J]. Administrative Science Puarterly, 1990 (1): 128-152.

[62] Corak M. Income Inequality, Equality of Opportunity, and Intergenerational Mobility [J] . Journal of Economic Perspectives, 2013 (3): 79-102.

[63] Cunat V, Guadalupe M. Globalization and the Provision of Incentives inside the Firm: The Effect of Foreign Competition [J] . Journal of Labor Economics, 2009 (2): 179-212.

[64] Currie J. Health Insurance and Less Skilled Workers [R]. 1999.

[65] Curtis J. Social Mobility and Class Identity: The Role of Economic Conditions in 33 Societies, 1999 – 2009 [J] . European Sociological Review, 2015 (1): 108-121.

[66] Dai M, Maitra M, Yu M. Unexceptional Exporter Performance in

China? The Role of Processing Trade ［J］. Ssrn Electronic Journal, 2016（121）：177-189.

［67］Davis D R, Harrigan J. Good Jobs, Bad Jobs, and Trade Liberalization ［J］. Journal of International Economics, 2011（1）：26-36.

［68］Diamond R. The Determinants and Welfare Implications of US Workers' Diverging Location Choices by Skill：1980-2000 ［J］. The American Economic Review, 2016（3）：479-524.

［69］Duryea S , Freitas L B , Ozemela M G , et al. Universities and Inter-generational Social Mobility in Brazil：Examining Patterns by Race and Gender ［J］. Journal of Economics, Race, and Policy, 2019（4）：240-256.

［70］Dvorkin M , Parro F , Caliendo L . The Impact of Trade on Labor Market Dynamics ［Z］. 2015.

［71］Edeh J N, Obodoechi D N, Ramos-Hidalgo E. Effects of Innovation Strategies on Export Performance：New Empirical Evidence from Developing Market firms ［J］. Technological Forecasting and Social Change, 2020（158）：120167.

［72］Egger H, Kreickemeier U. Fairness, Trade, and Inequality ［J］. Journal of International Economics, 2012（2）：184-196.

［73］Egger H, Kreickemeier U. Firm Heterogeneity and The Labor Market Effects of Trade Liberalization ［J］. International Economic Review, 2009（1）：187-216.

［74］Falk M . Quantile Estimates of the Impact of R&D Intensity on Firm Performance ［J］. Small Business Economics, 2012（1）：19-37.

［75］Feenstra R C, Hansen G H. Foreign Investment, Outsourcing and Relative Wages ［R］. 1995.

［76］ Feenstra R C, Li Z, Yu M. Exports and Credit Constraints Under Incomplete Information: Theory and Evidence from China ［J］. Review of Economics and Statistics, 2014 （4）: 729-744.

［77］ Feng L, Li Z, Swenson D L. The Connection between Imported Intermediate Inputs and Exports: Evidence from Chinese Firms ［J］. Journal of International Economics, 2016 （101）: 86-101.

［78］ Galle S, Rodriguez-Clare A, Moises Y. Slicing the Pie: Quantifying the Aggregate and Distributional Effects of Trade ［R］. 2017.

［79］ Gao T. Regional Industrial Growth: Evidence from Chinese Industries ［J］. Regional Science and Urban Economics, 2004 （1）: 101-124.

［80］ Garin A, Silverio F. How Responsive are Wages to Demand within the Firm? Evidence from Idiosyncratic Export Demand Shocks ［Z］. 2019.

［81］ Giordano M, Opromolla L D. Managers' Mobility, Trade Performance, and Wages ［J］. Journal of International Economics, 2014 （1）: 85-101.

［82］ Glenn N D, Ross A A, Tully J C. Patterns of Intergenerational Mobility of Females Through Marriage ［J］. American Sociological Review, 1974 （5）: 683-699.

［83］ Goldthorpe J H. The Role of Education in Intergenerational Social Mobility: Problems from Empirical Research in Sociology and Some Theoretical Pointers from Economics ［J］. Rationality and Society, 2014, 26 （3）: 265-289.

［84］ Gomez M. Optimal Monetary Policy in a Dual Labor Market: The Role of Informality ［Z］. 2020.

［85］ Gonzalez J L, Kowalski P, Achard P. Trade, Global Value Chains and Wage-Income Inequality ［R］. 2015.

［86］ Greenaway D, Kneller R. Exporting and Productivity in the United Kingdom ［J］. Oxford Review of Economic Policy, 2004 （3）: 358-371.

［87］ Grossman G M, Helpman E. Fair Wages and Foreign Sourcing ［R］. 2008.

［88］ Hansen B E. Sample Splitting and Threshold Estimation ［J］. Econometrica, 2000 （3）: 575-603.

［89］ Hansen B E. Threshold Effects in Non-Dynamic Panels: Estimation, Testing, and Inference ［J］. Journal of Econometrics, 1999 （2）: 345-368.

［90］ Hall B H. Innovation and Productivity ［Z］. 2011.

［91］ Hao P. Do Landholdings Affect Social Mobility in China? A Study of Rural Migrants in Jiangsu ［J］. Cities, 2020 （3）: 102-977.

［92］ Harris R, Li Q C, Trainor M. Is a Higher Rate of R&D Tax Credit a Panacea for Low Levels of R&D in Disadvantaged Regions? ［J］. Research Policy, 2008 （1）: 192-205.

［93］ Hassler J, Jose V, Rodriguez M, et al. Inequality and Mobility ［J］. Journal of Economic Growth, 2007 （3）: 235-259.

［94］ Hausmann R, Hwang J, Rodrik D. What You Export Matters ［J］. Journal of Economic Growth, 2007 （12）: 1-25.

［95］ He G, Wu X. Marketization, Occupational Segregation, and Gender Earnings Inequality in Urban China ［J］. Social Science Research, 2017 （12）: 96-111.

［96］ Heckman J J, Landers R. Lessons from Denmark about Inequality and Social Mobility ［Z］. 2021.

［97］ Heckman J J, Mosso S. The Economics of Human Development and

Social Mobility [J]. Annual Review of Economics, 2014 (1): 689.

[98] Helpman E, Itskhoki O. Labor Market Rigidities, Trade and Unemployment [J]. The Review of Economic Studies, 2010 (3): 1100-1137.

[99] Helpman E, Itskhoki O, Muendler M A, et al. Trade and Inequality: From Theory to Estimation [J]. The Review of Economic Studies, 2017 (1): 357-405.

[100] Helpman E, Itskhoki O, Redding S. Inequality and Unemployment in a Global Economy [J]. Econometrica, 2010, 78 (4): 1239-1283.

[101] Hennighausen T. Globalization and Income Inequality: The Role of Transmission Mechanisms [R]. 2014.

[102] Holmes T J, Schmitz Jr J A. Competition and Productivity: A Review of Evidence [J]. Annual Reviews, 2010 (1): 619-642.

[103] Horatio M M. Foreign Banks and the Export Performance of Emerging Mmarket Firms: Evidence from India [J]. Research in International Business and Finance, 2013 (29): 52-60.

[104] Horstmann I J, Markusen J R. Up the Average Cost Curve: Inefficient Entry and the New Protectionism [J]. Journal of International Economics, 1986 (3 - 4): 225-247.

[105] Huergo E, Jaumandreu J. Firms' Age, Process Innovation and Productivity Growth [J]. International Journal of Industrial Organization, 2004 (4): 541-559.

[106] Hummels D, Klenow P J. The Variety and Quality of a Nation's Exports [J]. American Economic Review, 2005 (3): 704-723.

[107] Jarreau J, Poncet S. Export Sophistication and Economic Growth: Evi-

dence from China［J］. Journal of Development Economics, 2012（2）: 281-292.

［108］Jia R , Li H . Access to Elite Education, Wage Premium, and Social Mobility: Evidence from China's College Entrance Exam［Z］. 2016.

［109］Kalleberg K L. Flexible Firms and Labor Market Segmentation［J］. Work and Occupations, 2003（2）: 154-175.

［110］Kasahara H, Lapham B. Productivity and the Decision to Import and Export: Theory and Evidence［J］. Journal of International Economics, 2013（2）: 297-316.

［111］Kearney M S , Levine P B . Income Inequality, Social Mobility, and the Decision to Drop Out of High School［J］. Social Science Electronic Publishing, 2016（Spring）: 333-396.

［112］Kee H L, Tang H. Domestic Value Added in Exports: Theory and Firm Evidence from China［R］. 2015.

［113］Khor N , Pencavel J . Evolution of Income Mobility in the People's Republic of China: 1991－2002［J］. Ssrn Electronic Journal, 2002（6）: 67-71.

［114］Kimura F, Kiyota K. Exports, FDI, and Productivity: Dynamic Evidence from Japanese Firms［J］. Review of World Economics, 2006（4）: 695-719.

［115］King S F , Burgess T F . Beyond Critical Success Factors: A Dynamic Model of Enterprise System Innovation［J］. International Journal of Information Management, 2006（1）: 59-69.

［116］Lee E , Yi K M. Global Value Chains and Inequality with Endogenous Labor Supply［J］. Journal of International Economics, 2018（115）: 223-241.

［117］Lee J W, Wie D. Technological Change, Skill Demand, and Wage Inequality: Evidence from Indonesia［J］. World Development, 2015（3）: 238-250.

［118］Lemieux T, Macleod W B, Parent D. Performance Pay and Wage Inequality ［J］. The Quarterly Journal of Economics, 2009（1）：1-49.

［119］Levine O, Warusawitharana M. Finance and Productivity Growth：Firm-Level Evidence ［Z］. 2017.

［120］Li X, Mitchell R K. The Pace and Stability of Small Enterprise Innovation in Highly Dynamic Economies：A China-Based Template ［J］. Journal of Small Business Management, 2009（3）：370-397.

［121］Liu Q, Qiu L D. Intermediate Input Imports and Innovations：Evidence from Chinese Firms' Patent Filings ［J］. Journal of International Economics, 2016（103）：166-183.

［122］Lu J, Lu Y, Tao Z. Exporting Behavior of Foreign Affiliates：Theory and Evidence ［J］. Journal of International Economics, 2009（2）：197-205.

［123］Lu W, Fu Y. Comparative Study on the Technical Complexity of China and India Service Export and Its Impact Factors ［R］. 2018.

［124］Lu D. Exceptional Exporter Performance? Evidence from Chinese Manufacturing Firms ［C］. Chicago：University of Chicago, 2010.

［125］Marginson S. Higher Education, Economic Inequality and Social Mobility：Implications for Emerging East Asia ［J］. International Journal of Educational Development, 2017（63）：4-11.

［126］Mccall L. Gender and the New Inequality：Explaining the College/Non-College Wage Gap ［J］. American Sociological Review, 2000（2）：234-255.

［127］Melitz M J. The Impact of Trade on Intra-Industry Reallocations and Aggregate Industry Productivity ［J］. Econometrica, 2003（6）：1695-1725.

［128］Melitz M J, Ottaviano G I. Market Size, Trade, and Productivity ［J］.

The Review of Economic Studies, 2008 (1): 295-316.

[129] Mohnen P, Hall B H. Innovation and Pproductivity: An Update [J]. Eurasian Business Review, 2013 (1), 47-65.

[130] Mok KH. Massification of Higher Education, Graduate Employment and Social Mobility in the Greater China region [J]. British Journal of Sociology of Education, 2016 (1): 51-71.

[131] Monte F. Skill Bias, Trade, and Wage Dispersion [J]. Journal of International Economics, 2011 (2): 202-218.

[132] Murakami Y. Trade Liberalization and Wage Inequality: Evidence from Chile [J]. The Journal of International Trade and Economic Development, 2021 (3): 407-438.

[133] Neary J P. Foreign Competition and Wage Inequality [J]. Review of International Economics, 2002 (4): 680-693.

[134] Pavcnik N. The Impact of Trade on Inequality in Developing Countries [Z]. 2017.

[135] Portocarero L. Social Mobility in France and Sweden: Women, Marriage and Work [J]. Acta Sociologica, 1985 (3): 151-170.

[136] Rolfe H. Inequality, Social Mobility and the New Economy: Introduction [J]. National Institute Economic Review, 2017 (1): 1-4.

[137] Rodrik D. What's So Special about China's Exports? [J]. China and the World Economy, 2006 (5): 19.

[138] Romanò S. Party Membership, Social Ties and Upward Mobility in Cuba [J]. International Journal of Cuban Studies, 2016 (1): 28-55.

[139] Rose A K. The Foreign Service and Foreign Trade: Embassies as

Export Promotion [J] . World Economy, 2005 (1): 22-38.

[140] Schluter G, Lee C. Can Rural Employment Benefit from Changing Labor Skills in U. S. Processed Food Trade? [J] . Rural America, 2002 (4): 38-43.

[141] Schott P K. The Relative Sophistication of Chinese Exports [J]. Economic Policy, 2008 (53): 6-49.

[142] Shapiro C, Stiglitz J E. Equilibrium Unemployment as A Worker Discipline Device [J] . The American Economic Review, 1984 (3): 433-444.

[143] Shayegh S. Outward Migration May Alter Population Dynamics and Income Inequality [J] . Nature Climate Change, 2017 (11): 828 - 832.

[144] Topalova P, Khandelwal A. Trade Liberalization and Firm Productivity: The Case of India [J] . Global Economy Journal, 2014 (3): 955-1009.

[145] Verhoogen E A. Trade, Quality Upgrading, and Wage Inequality in the Mexican Manufacturing Sector [J] . The Quarterly Journal of Economics, 2008 (2): 489-530.

[146] Vernon R . International Investment and International Trade in the Product Cycle [J] . International Executive, 1966 (4): 190-207.

[147] Vincens N, Stafstrom M. Income Inequality, Economic Growth and Stroke Mortality in Brazil: Longitudinal and Regional Analysis 2002-2009 [J] . PLos One, 2015 (9): 137-332.

[148] Vithessonthi C , Racela O C . Short- and Long-Run Effects of Internationalization and R&D Intensity on Firm Performance [J] . Journal of Multinational Financial Management, 2016 (Mar.): 28-45.

[149] Wang Y J, Zhao L X. Saving Good Jobs from Global Competition by

Rewarding Quality and Efforts ［J］. Journal of International Economics, 2015 (2): 426-434.

［150］Wang W, Christopher F, Thangavelu Shandre T. Trade, Technology, and the Labour Market: Impacts on Wage Inequality within Countries ［J］. Asian-Pacific Economic Literature, 2021 (1): 19-35.

［151］Wang Z, Wei S J. What Accounts for the Rising Sophistication of China's Exports? ［M］. Cambridge: National Bureau of Economic Research, Inc, 2008.

［152］Wu F, Wu H, Zhang X. How Does Innovation Activity Affect Firm Export Behavior? Evidence from China ［J］. Emerging Markets Finance and Trade, 2020 (8): 1730-1751.

［153］Xu B, Li W. Trade, Technology, and China's Rising Skill Demand ［J］. Economics of Transition, 2008 (1): 59-84.

［154］Yang R, He C. The Productivity Puzzle of Chinese Exporters: Perspectives of Local Protection and Spillover Effects ［J］. Papers in Regional Science, 2014 (2): 367 - 384.

［155］Yeaple S R. A Simple Model of Firm Heterogeneity, International Trade, and Wages ［J］. Journal of International Economics, 2005 (1): 1-20.

［156］Yu M, Ye G, Qu B. Trade Liberalisation, Product Complexity and Productivity Improvement: Evidence from Chinese Firms ［J］. World Economy, 2013 (7): 912 - 934.

［157］Yu M. Processing Trade, Tariff Reductions and Firm Productivity: Evidence from Chinese Firms ［J］. China Economic Quarterly, 2015 (585): 943 - 988.

［158］Zhu S, Li R, Zhong T. How Does Trade Openness Affect Regional Demographic Transitions? Evidence from China's Provincial Panel Data [J]. China and World Economy, 2017 (3): 112 – 130.

[159] 安志, 路瑶, 张郁. 技术创新、自主品牌与本土企业出口参与 [J]. 当代经济科学, 2018 (6): 91-97+129.

[160] 白东北, 张营营, 王珏. 产业集聚与中国企业出口: 基于创新要素流动视角 [J]. 国际贸易问题, 2021 (2): 63-79.

[161] 包群, 叶宁华, 邵敏. 出口学习、异质性匹配与企业生产率的动态变化 [J]. 世界经济, 2014 (4): 26-48.

[162] 蔡昉. 以农民工市民化推进城镇化 [J]. 经济研究, 2013 (3): 6-8.

[163] 蔡昉. "中等收入陷阱" 的理论、经验与针对性 [J]. 经济学动态, 2011 (12): 4-9.

[164] 陈波, 贺超群. 出口与工资差距: 基于我国工业企业的理论与实证分析 [J]. 管理世界, 2013 (8): 6-15+40+187.

[165] 陈勇兵, 仇荣, 曹亮. 中间品进口会促进企业生产率增长吗——基于中国企业微观数据的分析 [J]. 财贸经济, 2012 (3): 76-86.

[166] 陈云松, 范晓光. 阶层自我定位、收入不平等和主观流动感知 (2003—2013) [J]. 中国社会科学, 2016 (12): 109-126+206-207.

[167] 陈钊, 陆铭. 从分割到融合: 城乡经济增长与社会和谐的政治经济学 [J]. 经济研究, 2008 (1): 21-32.

[168] 戴觅, 余淼杰, Madhura, 等. 中国出口企业生产率之谜: 加工贸易的作用 [J]. 经济学 (季刊), 2014 (1): 675-698.

[169] 戴觅, 余淼杰. 企业出口前研发投入、出口及生产率进步——来自中国制造业企业的证据 [J]. 经济学 (季刊), 2011 (4): 211-230.

[170] 戴翔，金碚．产品内分工、制度质量与出口技术复杂度［J］．经济研究，2014（7）：4-17.

[171] 单希彦．中间产品进口与工资差距——以进口关税为工具变量的实证分析［J］．国际贸易问题，2014（10）：155-165.

[172] 杜传忠，张丽．中国工业制成品出口的国内技术复杂度测算及其动态变迁——基于国际垂直专业化分工的视角［J］．中国工业经济，2013（12）：52-64.

[173] 耿晔强，白力芳．人力资本结构高级化、研发强度与制造业全球价值链升级［J］．世界经济研究，2019（8）：88-102+136.

[174] 洪银兴．产业结构转型升级的方向和动力［J］．求是学刊，2014（1）：57-62.

[175] 黄静波，黄小兵．生产率是出口决定因素吗？——基于中国企业的实证分析［J］．世界经济研究，2011（9）：44-50+88.

[176] 黄先海，陈晓华，刘慧．产业出口复杂度的测度及其动态演进机理分析——基于52个经济体1993~2006年金属制品出口的实证研究［J］．管理世界，2010（3）：44-55.

[177] 黄先海，胡馨月，刘毅群．产品创新、工艺创新与我国企业出口倾向研究［J］．经济学家，2015（4）：39-49.

[178] 简泽，张涛，伏玉林．进口自由化、竞争与本土企业的全要素生产率——基于中国加入WTO的一个自然实验［J］．经济研究，2014（8）：120-132.

[179] 李宾．国内研发阻碍了我国全要素生产率的提高吗？［J］．科学学研究，2010（7）：1035-1042.

[180] 李春顶．中国出口企业是否存在"生产率悖论"基于中国制造业

企业数据的检验 [J] . 世界经济, 2010 (7)：64-81.

[181] 李春顶 . 中国企业"出口—生产率悖论"研究综述 [J] . 世界经济, 2015 (5)：148-175.

[182] 李汉君 . 技术创新对中国出口商品结构的影响——基于技术含量视角的实证分析 [J] . 国际经贸探索, 2012 (11)：26-33.

[183] 李坤望, 陈维涛, 王永进 . 对外贸易、劳动力市场分割与中国人力资本投资 [J] . 世界经济, 2014 (3)：56-79.

[184] 李磊, 刘斌, 胡博, 等 . 贸易开放对城镇居民收入及分配的影响 [J] . 经济学（季刊）, 2010 (10)：309-326.

[185] 李路路, 朱斌, 王煜 . 市场转型、劳动力市场分割与工作组织流动 [J] . 中国社会科学, 2016 (9)：126-145+208.

[186] 李实, 万海远 . 劳动力市场培育与中等收入陷阱——评《中国劳动力市场发展报告 2011-2013》[J] . 经济研究, 2014 (4)：187-191.

[187] 李小平, 朱钟棣 . 国际贸易、R&D 溢出和生产率增长 [J] . 经济研究, 2006 (2)：31-43.

[188] 连玉君, 廖俊平 . 如何检验分组回归后的组间系数差异？[J] . 郑州航空工业管理学院学报, 2017 (6)：97-109.

[189] 梁莱歆, 马如飞 . R&D 资金管理与企业自主创新——基于我国信息技术类上市公司的实证分析 [J] . 财经研究, 2009 (8)：50-60.

[190] 陆云航 . 出口技术复杂度对全要素生产率的影响：跨国经验研究 [J] . 经济学家, 2017 (4)：51-58.

[191] 罗丽英, 齐月 . 技术创新效率对我国制造业出口产品质量升级的影响研究 [J] . 国际经贸探索, 2016 (4)：37-50.

[192] 吕延方, 王冬, 陈树文 . 进出口贸易对生产率、收入、环境的门

限效应——基于 1992—2010 年我国省际人均 GDP 的非线性面板模型 [J]．经济学（季刊），2015（2）：703-730.

[193] 马述忠，王笑笑，张洪胜．出口贸易转型升级能否缓解人口红利下降的压力 [J]．世界经济，2016（7）：121-143.

[194] 马双，赖漫桐．劳动力成本外生上涨与 FDI 进入：基于最低工资视角 [J]．中国工业经济，2020（6）：81-99.285，540

[195] 马双，孟宪芮，甘犁．养老保险企业缴费对员工工资、就业的影响分析 [J]．经济学（季刊），2014（3）：969-1000.

[196] 苗文龙，何德旭，周潮．企业创新行为差异与政府技术创新支出效应 [J]．经济研究，2019（1）：85-99.

[197] 聂辉华，江艇，杨汝岱．中国工业企业数据库的使用现状和潜在问题 [J]．世界经济，2012（5）：142-158.

[198] 潘士远．贸易自由化、有偏的学习效应与发展中国家的工资差异 [J]．经济研究，2007（6）：98-105+141.

[199] 蒲祖河．中小企业融资需求层次研究——基于美国经验数据的分析及政策启示 [J]．财贸经济，2007（10）：48-51.

[200] 齐俊妍，吕建辉．进口中间品对中国出口净技术复杂度的影响分析——基于不同技术水平中间品的视角 [J]．财贸经济，2016（2）：114-126.

[201] 钱学锋，王菊蓉，黄云湖，等．出口与中国工业企业的生产率——自我选择效应还是出口学习效应？[J]．数量经济技术经济研究，2011（2）：37-51.

[202] 钱学锋，余弋．出口市场多元化与企业生产率：中国经验 [J]．世界经济，2014（2）：3-27.

[203] 邱斌，刘修岩，赵伟．出口学习抑或自选择：基于中国制造业微

观企业的倍差匹配检验［J］．世界经济，2012（4）：23-40．

［204］盛斌，毛其淋．贸易开放、国内市场一体化与中国省际经济增长：1985~2008 年［J］．世界经济，2011（11）：44-66．

［205］盛丹，王永进．市场化、技术复杂度与中国省区的产业增长［J］．世界经济，2011（6）：26-47．

［206］盛丹，包群，王永进．基础设施对中国企业出口行为的影响："集约边际"还是"扩展边际"［J］．世界经济，2011（1）：17-36．

［207］汤二子，刘海洋．中国出口企业"生产率悖论"存在性检验——来自 2005~2008 年中国制造业企业的证据［J］．国际经贸探索，2011（11）：39-47．

［208］田巍，余淼杰．中间品贸易自由化和企业研发：基于中国数据的经验分析［J］．世界经济，2014（6）：90-112．

［209］王奇珍，朱英明．技术创新的出口增长集约边际效应——基于企业产品创新的视角［J］．国际经贸探索，2016（2）：48-62．

［210］王雅琦，卢冰．汇率变动、融资约束与出口企业研发［J］．世界经济，2018（7）：75-97．

［211］王永进，盛丹，施炳展，等．基础设施如何提升了出口技术复杂度？［J］．经济研究，2010（7）：103-115．

［212］王永进，张国峰．人口集聚、沟通外部性与企业自主创新［J］．财贸经济，2015（5）：132-146．

［213］王正新，朱洪涛．创新效率对高技术产业出口复杂度的非线性影响［J］．国际贸易问题，2017（6）：61-70．

［214］魏后凯，黄秉信．农村绿皮书：中国农村经济形势分析与预测（2016~2017）［M］．北京：社会科学文献出版社，2017．

［215］魏后凯，黄秉信．农村绿皮书：中国农村经济形势分析与预测（2018~2019）［M］．北京：社会科学文献出版社，2019．

［216］温军，张森．经济开放度与中国国际技术创新——基于省际 PCT 国际专利申请数据的经验研究［J］．国际贸易问题，2018（11）：120-131.

［217］温忠麟，张雷，侯杰泰，等．中介效应检验程序及其应用［J］．心理学报，2004（5）：614-620.

［218］翁杰．国际贸易，租金分享和工资水平——基于浙江制造业的实证研究［J］．国际贸易问题，2008（11）：58-67+91.

［219］吴万宗，徐娟．中国工业出口强度与工资残差不平等——基于中国综合社会调查数据的分析［J］．财贸经济，2017（5）：112-128.

［220］吴延兵．自主研发、技术引进与生产率——基于中国地区工业的实证研究［J］．经济研究，2008（8）：51-64.

［221］项松林．金融发展、创新驱动与企业出口——微观数据的经验分析［J］．现代经济探讨，2019（8）：44-50.

［222］谢冬水．农地转让权、劳动力迁移与城乡收入差距［J］．中国经济问题，2014（1）：49-59.

［223］薛欣欣．国有部门与非国有部门工资差异——对我国劳动力市场竞争性的测度［D］．北京：中国社会科学院研究生院，2008．

［224］颜色．有社会流动性才有活力［EB/OL］．（2016-03-28）［2022-03-03］．http：//news. cnr. cn/native/gd/20160328/t20160328＿521730284. shtml.

［225］晏涛．研发创新推动了中国企业出口吗？——基于"扩展边际"与"集约边际"的实证检验［J］．中南财经政法大学学报，2013（6）：103-110+160.

［226］阳立高，龚世豪，王铂，等．人力资本、技术进步与制造业升级［J］．中国软科学，2018（1）：138-148．

［227］阳义南，连玉君．中国社会代际流动性的动态解析——CGSS与CLDS混合横截面数据的经验证据［J］．管理世界，2015（4）：79-91．

［228］杨汝岱，姚洋．有限赶超与经济增长［J］．经济研究，2008（8）：29-41．

［229］杨汝岱．中国制造业企业全要素生产率研究［J］．经济研究，2015（2）：61-74．

［230］杨阳，程惠芳，李凯．人力资本、创新与高技术产品出口竞争力分析［J］．统计与决策，2016（13）：98-102．

［231］姚先国，赖普清．中国劳资关系的城乡户籍差异［J］．经济研究，2004（7）：82-90．

［232］易靖韬，傅佳莎．企业生产率与出口：浙江省企业层面的证据［J］．世界经济，2011（5）：74-92．

［233］易靖韬．企业异质性、市场进入成本、技术溢出效应与出口参与决定［J］．经济研究，2009（9）：106-115．

［234］余道先，刘海云．我国自主创新能力对出口贸易的影响研究——基于专利授权量的实证［J］．国际贸易问题，2008（3）：28-33．

［235］余淼杰，李晋．进口类型、行业差异化程度与企业生产率提升［J］．经济研究，2015（8）：85-97．

［236］余淼杰，智琨．进口自由化与企业利润率［J］．经济研究，2016（8）：57-71．

［237］余淼杰，梁中华．贸易自由化与中国劳动收入份额——基于制造业贸易企业数据的实证分析［J］．管理世界，2014（7）：22-31．

［238］余淼杰．中国的贸易自由化与制造业企业生产率［J］．经济研究，2010（12）：97-110．

［239］喻美辞，熊启泉．中间产品进口、技术溢出与中国制造业的工资不平等［J］．经济学动态，2012（3）：55-62．

［240］张杰，李勇，刘志彪．出口促进中国企业生产率提高吗？——来自中国本土制造业企业的经验证据：1999～2003［J］．管理世界，2009（12）：11-26．

［241］张杰，郑文平，陈志远．进口与企业生产率——中国的经验证据［J］．经济学（季刊），2015（3）：1029-1052．

［242］张杰，张培丽，黄泰岩．市场分割推动了中国企业出口吗？［J］．经济研究，2010（8）：29-41．

［243］张靖佳，刘澜飚，马雪卓．量化宽松政策对我国企业债务风险的差异性影响［J］．经济学动态，2020（3）：52-68．

［244］周新苗，唐绍祥．自主研发、技术引进与企业绩效：基于平均处理效应估计的微观考察［J］．财贸经济，2011（4）：104-110．

［245］周兴，张鹏．代际间的职业流动与收入流动——来自中国城乡家庭的经验研究［J］．经济学（季刊），2015（1）：351-372．

［246］周亚虹，贺小丹，沈瑶．中国工业企业自主创新的影响因素和产出绩效研究［J］．经济研究，2012（5）：107-119．

［247］朱丹丹，黄梅波．中国对外援助能够促进受援国的经济增长吗？——兼论"促贸援助"方式的有效性［J］．中国经济问题，2018（2）：10．

［248］朱小明，宋华盛．目的国需求、企业创新能力与出口质量［J］．世界经济研究，2019（7）：13-28+134．

后　记

党的二十大报告指出，高质量发展是全面建设社会主义现代化国家的首要任务。必须完整、准确、全面贯彻新发展理念，坚持社会主义市场经济改革方向，坚持高水平对外开放，加快构建以国内大循环为主体、国内国际双循环相互促进的新发展格局。可见，推进高水平对外开放，是加快构建新发展格局，着力推动高质量发展的路径之一。在此背景下，本书从行业竞争力、企业创新、劳动力市场三大视角探究对外贸易在推动我国高质量发展中所起到的作用。总的来说，对外贸易是联通国内国际两个市场、促进国内国际双循环的主要途径之一，也是驱动我国高质量发展的动力之一。未来，我国需要把握新机遇，继续深化对外开放，全力推动我国经济社会发展向更高水平攀升。

本书的写作与出版离不开诸多领导与同事的支持与帮助。首先，我要感谢我的博士后导师、长江学者沈坤荣教授，博士生导师、长江学者李坤望教授，在美国佐治亚理工学院留学时的导师、长江学者李海峥教授，在美国南加州大学的导师陈百助教授。本书的成果离不开各位老师的指导与帮助，感谢各位老师。其次，我要感谢进入南京审计大学工作以来各位领导以及学术前辈的关心、支持与帮助。十分感谢晏维龙教授、董必荣教授、俞安平教授、裴育教授、卢亚娟教授、李乾文教授、任志成教授、姜海教授、陈祖华研究员、孙国锋教授、孙文远教授、李陈华教授、樊士德教授、徐波研究员等各位领导的关心与帮助，也十分感谢中国社会科学院裴长洪研究员、魏明孔研究员等各位学术前辈长期以来的大力支持与帮助。另外，在本书出版过程中，我的研究生吴婷、朱柿颖做了大量辅助编辑工作，一并感谢两人的辛勤付出。最后，我要感谢我的家人长期以来以及在本书写作过程中对我默默的付出与支持。

由于著者水平有限，加之时间紧，而要研究的问题又相对重大，书中不免存在着不足之处，恳请读者批评指正。

本书的出版得到了江苏省第六期"333人才"2022年培养支持资助项目（苏人才办〔2022〕21号）、江苏高校优势学科建设工程资助项目"应用经济学"、中国博士后科学基金特别资助项目（2019T120409）的资助。对上述单位和项目的大力支持，谨表谢忱！

陈维涛

二零二三年七月